JN262156

ヒューマン・エレメント・アプローチ

信頼感あふれるオープンで生産性の高い組織をつくる

組織編

ウィル・シュッツ [著]
Will Schutz

株式会社 ビジネスコンサルタント [編訳]

東京 **白桃書房** 神田

刊行にあたって

　企業の持続的成功のためには，財務的・経済的資本を高めると同時に，そこで働く人々がお互いに信頼し合い，相互にサポートできる協働関係を生む社会関係資本が不可欠である。ここでいう社会関係資本とは，人々の社会でのかかわり，人とのかかわりの中で生まれ，質の高い人間関係を作り上げていく資本のことを指している。信用や思いやりをベースに，信頼し合う組織は協働関係を生む。それは深いコミュニケーションをもたらし，新しいアイディアの発想や情報共有の活性化を促し，新たな価値を生む機会を増やすことに繋がる。

　環境変化が非常に激しい現代では，戦略も創発戦略が重視され，それに伴ってイノベイティブにかつ柔軟に変化対応ができる機敏性の高い組織作りが急務であるが，その決め手は組織の社会関係資本の高さであると言える。

　一方で，社会関係資本の低い組織は，お互いを信頼できずに，相手を敵対関係とみなし，短期的な結果指向のみに集中してしまい，信用できないが故に過剰なルールや規制，管理システムを作るなど過剰なコストを生む結果になる。このように社会関係資本は目に見えない無形のものであるが，確実に存在しており，長期的な企業の繁栄に影響を与えるものである。

　社会関係資本を高めるには，組織の上位概念であるM（ミッション），D（ドメイン），C（コアバリューズ），V（ビジョン），S（ストラテジー）の中で社会関係資本を大事に扱う旨を明確に組織内外に謳うことが必要である。特に，コアバリューズ（中核的価値観）を明確にし，真の人間尊重を打ち出すことが社会関係資本の高い組織文化の基礎となる。そして，組織文化に影響を与える評価や報酬等の制度システム，組織の構造，仕事の仕組みや職場規範などを計画的，継続的に変革していく必要があるが，その中で，何より重要な要素が，トップマネジメントや職場リーダーのセルフエスティームなのである。

刊行にあたって

　トップマネジメントや職場リーダーの高いセルフエスティームが周囲に質の高い人間関係を生みだし，社会関係資本を高め，ポジティブで信頼感あふれる組織文化を形成する。さらに，それが最高の人材を惹きつけ，育て，組織に定着させていくという好循環を生んでいくのである。

　この『ヒューマン・エレメント・アプローチ　組織編—信頼感あふれるオープンで生産性の高い組織をつくる』は，第1巻の「個人のセルフエスティームを高める」の姉妹編であり，本書刊行の経緯は個人編を参照していただくとして，トップマネジメントや職場リーダーが組織やチームの生産性を高めるための不可欠な要素を提供し，マネジメントの実践レベルで活用できる内容である。

　今年で50周年を迎えた弊社の組織の基本構想として大事にしている考え方の一つに以下のようなくだりがある。

　「人間集団の根底にあるものは，Emotional Networkである。お互いの感情や本当の気持ちを率直に出し合える職場集団にしなければならない。他者の感情だけでなく，自分の感情も，部下の感情だけでなく上司の感情も大切に受けとめ，また感情の表出は，上下，左右，斜め，あらゆる方向に自由にやれなくてはならない。」

　今回，本書の刊行により，具体的に読者の皆様にその活用方法を提供できることは嬉しい限りである。この本の中で「チーム」という言葉が多く出てくるが，読者のお立場で，トップマネジメントを含むエグゼクティブチームから様々なプロジェクトチームや職場チームに当てはめて，社会関係資本の高い組織やチームを作っていく上で活用して頂ければ幸いである。

　最後にこの本の出版に際して多大な協力を頂いた白桃書房の平千枝子氏，矢澤聡子氏に心からお礼を申し上げる。

　なお，本書は *The Human Element: Productivity, Self-Esteem, and the Bottom Line, 2nd ed.*（2008）を邦訳し刊行したものである。

2014年10月
　　株式会社ビジネスコンサルタント　代表取締役 社長執行役員　　横関哲嗣

目　次

刊行にあたって

第1章　生産性の高いチームをつくる
協働性の高い，オープン・チームワーク　　1

1. チームワークと生産性　　3
2. チームワークへのアプローチ　　5
　　振り返り　チームワークについて考える　*10*
　　協働性：チームワークに対する補完的アプローチ　*11*
　　　表 1.1. 役割の非協働性　*15*
　　振り返り　雰囲気と役割の協働性について考える　*17*
　　柔軟性のなさ（こだわり）：チームワークの敵　*20*
　　　表 1.2. 柔軟性がない好みの雰囲気の基礎　*22*
　　振り返り　柔軟性のなさと好みの雰囲気を考える　*25*
　　　表 1.3. 柔軟性がない好みの役割の基礎　*28*
　　振り返り　柔軟性のなさと好みの役割を考える　*30*
　　集団の発達における問題　*31*
　　集団と外部との人間関係　*35*
　　振り返り　外部との人間関係を考える　*38*
3. オープン・チームワーク　　41
　　最高の業績を達成するためにオープン・チームワークを用いる　*45*
　　チームの協働性指数を活用する　*49*
　　振り返り　オープン・チームワークについて考える　*52*

目 次

第2章　個人の業績を最高にする
業績の向上と創造性を発揮する　53

1. 個人の業績考課を再考する 55
2. ヒューマン・エレメント・アプローチ 57
   - 仕事の人間関係の実習　60
     - 振り返り　仕事の人間関係を考える　74
   - 適材適所に人を配置する　75
     - 振り返り　仕事の適性を考える　81
   - 個人の意思決定を改善する　85
     - 振り返り　創造性について考える　91
3. 創造性と論理的な考えにおける障害を除く 96
     - 振り返り　個人の意思決定について考える　100

第3章　コンコーダンスによる意思決定
全員が支持するより良い意思決定の開発，活用　103

1. ヒューマン・エレメント・アプローチ 105
   - コンコーダンス（心からの一致）による意思決定：
     仲間性，統制，開放性の基準　106
     - 表 3.1. コンコーダンス（心からの一致）と他の意思決定の方法　113
     - 振り返り　グループの意思決定について考える　115
   - コンコーダンスの特徴　118
   - 恐れと異議　126
2. コンコーダンスを実施するためのガイドライン 129
     - 振り返り　コンコーダンスについて考える　141
3. 葛藤解決のためのガイドライン 142

第4章 リーダーシップと ヒューマン・エレメント・アプローチ　*145*

1. リーダーシップにおける謎 *146*
- 振り返り　内部との関係について考える　*153*
- 振り返り　外部との関係について考える　*154*
- 振り返り　問題解決について考える　*155*

2. ヒューマン・エレメント的組織を定義する *156*
　　表 4.1. ヒューマン・エレメント的組織の目標　*158*

3. ヒューマン・エレメント的組織をつくる *160*

終章　真に肝要なこと　*163*

付表　ヒューマン・エレメントの周期表　*170*

仕事上でのヒューマン・エレメント

　個人編では，自己概念とセルフエスティームの基本的な次元を探究した。本書―組織編では，組織の目標達成と問題解決にヒューマン・エレメントの概念を応用する。

　第1章では，チームの協働性を高め，チームを形成し，外部の力や外部のグループとチームの関係を向上する実際的な方法と，素晴らしい業績を引き出すオープン・チームワーク・アプローチについて検討する。第2章では，業績考課，仕事の適性（そして，仕事の満足感），創造的で論理的な問題解決のプロセスに焦点をあてた個人の意思決定などの新しいアプローチを用いて，個人の業績の向上について考える。第3章では，グループが一緒に働き，効率の良い，満足感の高い意思決定を行う方法を与えてくれる「コンコーダンス（心からの一致）」を検討する。第4章は，ヒューマン・エレメントの概念を反映し，実践する組織の創造とリーダーシップへの応用に関する議論で終了する。終章は，変革の困難さと変革の必要性についての最終的な考えを提供する。

第1章

Open Teamwork

生産性の高いチームをつくる
協働性の高い，オープン・チームワーク

　産業の危機……それは，パラダイムとパラダイムの間にあることからやってくる。ビジネスゲームに勝つための昔ながらの方法は，賢い個人が低コストで製品を大量生産して高い利益を得る組織を管理するというものであった。新しい方法は，顧客を満足させるために組織運営のプロセスの機能をデザインし，絶え間なく改善を行うチームを作ることである。
R. レデンバウ&C. ベル

　私が1950年代に始めた，グループ内部の人間関係に関する最も初期の研究テーマは，チームが一緒にうまく働いたり，働かなかったりする本当の理由を究めることだった。私はチームの業績を改善するためにいろいろなアプローチを試してみたが，私の仮定はどれも正しくないことがわかった。最初のうちは，仲の良いグループの方が効率的で，葛藤や対立のあるグループは効率が悪いだろうと思っていた。しかし，それは正しくなかった。同様に，騒々しいグループと静かなグループでも，同じように，うまくいくときもあれば，失敗することもあった。その後，私は，グループの成功はメンバーが意見の相違にどのように対処するかによるものだと思った。本当の理由に少しだけ近づいたことが証明された。グループの意見が一致しなかった後，効果的なグループは葛藤から立ち直る傾向があったが，効果的でないグループは崩壊してしまった。

　次に，チームがうまく機能するためには共通の目標を持たなければならないという考え方を検討した。私が一緒に仕事をしたコンピューターの開

発グループは，新しい機械の開発にすでに3年を費やしていたとき，そのマーケットがなくなったと突然告げられた。メンバーたちは打ち砕かれ，なんとか回復しようと苦心していた。その多くは会社をやめる覚悟ができており，すでに他の仕事を探し始めている人もいたが，実は，皆が，本当は一緒に働きたいと思っていることに気がついたのである。皆を団結させていたのは，共通の目標であるコンピューターを開発することではなく，グループの人間関係であった。彼らはそのことに気づくと，皆で一緒にまた別の製品を生みだすことができると確信したのだった。

「共通の目標」の仮説とはそんなものである。次に私は，「チームが機能するためにはそれぞれの心理タイプの人が必要となるという考えはどうだろうか？」と自分自身に尋ねてみた。その考え方は，ある大きな製造工場で行われていた自主管理チームについての私の観察とは一致しなかった。チームは，あるメンバーを失うと，他の誰かがその人の仕事を肩代わりするか，失ったメンバーの特定の機能をカバーするために役割の変更をするか，再編成をしていたのである。

効果的なチームは，特定の役割に特定の人を配置する必要性を前提にしないという柔軟性を持っているようであった。私は成功したチームの要素を探し続け，強い権威主義者のリーダーとか生命にかかわる状況がチームワークを強制できるという考え方も検討した。しかし，強制は短期的には機能することがあっても，長期的には機能しないことが研究によって示された。後に，いくつかの新しいコンピューター会社で，社員が新しい製品を造り出すために一生懸命働き，そして，成功した後，社員の多くが会社のために働きたいという意欲がもはやなくなってしまい，そのため，間もなくほとんどの会社がつぶれてしまった事例を見た時，私が研究で実験したことを確認することとなった。危機やプレッシャーがチームを消滅させてしまったのか？　私は，まだ明快な答えを得ることができなかった。

その後，セルフエスティームが，良いチームワークの鍵であるかもしれないということに興味を持つようになった。ありふれた状況，例えば，長い労使紛争が最終的には両者が始めに争った条件とほぼ同じ条件で解決さ

> れることを思い出した。いかに柔軟性のなさ（こだわり）が防衛的であり，非生産的な個人の行動を生み出すかということを私は長年観察してきたのだった。その発見をチームワークに関する私の考えに結びつけると，(1)チームのメンバーが，個人的に脅威を感じていても，お互いにそれを認めることができるほどオープンである時，(2)チーム全体に，それらの感情を認める気持ちがあった時，良いチームワークができることがわかった。脅威を感じているのに，その気持ちに気づいていないメンバーは，柔軟性がなく，チームワークを妨げるのである。
>
> 　言い換えると，「メンバーの意見が一致しないから」「共通の目標を持たないから」「問題解決へのアプローチが違うから」「ある種のパーソナリティ・タイプの人を含んでいなかったから」，チームが失敗するのではない。一人ないし複数の人間が柔軟性に欠けているからチームが機能しないのであり，その人の自己概念が脅威を感じているので柔軟性がないのである。
>
> 　なんて素晴らしい皮肉だろう。我々がチームの業績を改善したければ，個人に対して働きかけなければならないのである。

　本章では，個人のセルフエスティームとグループの協働性の関係を検討する。グループがどのように成長するか，そして，柔軟性のなさ（こだわり）が協働性と効果的なグループの機能をどのように引き下げてしまうかについて探究していく。チーム・メンバーが，他部門や本部管理スタッフといった外部の力と，より効果的な関係をつくるために，自分たちの人間関係についての自己洞察をどのように使えるかということも考える。そして，この章の最後で，二つの実際的なアプリケーション，オープン・チームワークのモデルとチーム協働性指数（インデックス）を検討する。

1. チームワークと生産性

　この本の中で使われているチームという用語は，組織に属している人全員，あるいは，明らかに共通の目標に向かって働く組織の中の職場に属している

第1章:生産性の高いチームをつくる

人々を意味する。この職場には、ワーク・チーム、委員会、事務局のスタッフ、マトリックス組織、調査チーム、特別なプロジェクト・チームなど、要するに、一緒にうまく働くことができれば、より良い製品やサービスを生み出す人々の集団を含む。

　チームワークなど重要でないと言うマネジャーは少ないだろう。実際に、ほとんどのマネジャーが、効率と生産性の推進力の一つであるチームワークのことを気にかけ、それを改善することに多くの時間を費やしている。そこで、しばしば期待外れに終わってしまうチームワークについての誤解を明らかにすることは重要である。チームワークの誤解は、チームの協働性と生産性の相関関係に気づかなかったことから生じる。平和交渉、労働問題、離婚などといった対人関係の問題の多くは、感情、恐れ、不安、柔軟性の無さなど、主に論理的でないことと密接に関係がある。協働性と生産性の関係を理解することは、良いチームワークを理解するために不可欠である。

　協働性——一緒にうまく働くための人々の能力—は、生産性と明確に関係がある。一般的な組織の神話では、個人の人間関係を扱う時間などはないと言われている。締切期限、達成しなければならない最低線の数字目標、給料分の資金の確保など優先順位の高いものがたくさん存在する。しかし、「実際的な」問題を大切にするからといってチームワークの問題を無視することは、組織の大きな自己欺瞞の現われである。組織は人間関係を扱う時間を取らずにはすまされないというのが真実である。人間関係を取り扱わなければ、必然的に、生産性に悪影響を与えることになるのである。

〈事例〉　フォーチュン500社のある会社のマーケティング・チームは、得意げに経営陣にパーソナル・グルーミング・プロダクトの「一連商品」のマーケティング・プランを提案した。経営陣は、このプランを全くできの悪いものだと却下した。

　マーケティング・チームは愕然とした。しかし、この「一連商品」のコンセプトは、マーケティングの問題を解決するために出されたのではなく、むしろグループの人間関係の問題を解決するために出されたことが調査で明らかになったのだった。マーケティング・チームのメンバーは、ある人のアイデアには「NO」と言い、別の人のアイデアには「YES」と言うことに非常に抵抗を感じ

> ていた。そこで，誰がアイデアを出したのかにかかわらず全てのアイデアをとり入れ，「一連商品」という提案を作り上げることにより，メンバーを救ったのであった。誰も，自分のアイデアが拒絶されることはないし，また，誰か他の人のアイデアを拒絶しなくてもよいのであった。
> 　マーケティングの発想としては，製品の「一連商品」というのは全く不適当だった。そのコンセプトを採択した時，誰も本当の理由がわかっていなかったのである。それどころか，そのコンセプトは，マーケティングの道理にかなっていると誰もが確信していたのであった。

　人間関係の問題が存在しているにもかかわらず，その問題を取り扱わなければ，組織の生産性は必然的に下がっていく。どれくらい下がっていくかは，その課題しだいである。協力が必要な課題もあれば，グループによって遂行されるのと同じくらいに（時には，はるかに）一個人によって遂行される課題もある。ほとんどの課題は，協力を必要とするものと優れた個人ひとりで行うものとに分類できる。協働性が生産性に影響を与えるのは，結果を出すために協力が必要不可欠である課題においてである。時間のプレッシャーがかかった時，協働性が発揮されているグループはプレッシャーのない時に比べてはるかに良い業績を残し，協働性が発揮されていないグループは効果性が低下してしまうことが，実験によって証明されたのである。

2. チームワークへのアプローチ

　最も伝統的で，最も古いチームワークへのアプローチは，「強制」である。そして，強制のアプローチは，人々は一緒に働くために雇われ，給料を貰っているという原則に基づいている。彼らが一緒に働かなければ，解雇して，やる気のある人間を雇うのだ。イギリスのある舞台監督は，「チームとして努力するということは，私の指示通りに多くの人間が動くことである」と言った。規律や解雇や罰に対する恐れは，チーム・メンバーに良い仕事をするように動機づけると仮定される。

第1章：生産性の高いチームをつくる

〈事例〉 ウェイン大佐は，ペルシャ湾の前哨地で8人編成のチームに話を始めた。「諸君，この使命は最高機密であり，アメリカ合衆国の防衛に大変に重要である。諸君はこの使命を実行するために選ばれたのである。少なくとも1年間の間，一緒にうまく働くように期待されている。トラブルがあったら，私が有罪の当事者を見つけ，そのことをそいつの記録に記入して，転属させてやる。それが諸君の経歴に何を意味するかわかっているな。では，幸運を祈る」。

　これらの厳しい指示にもかかわらず，チームの業績はひどかった。フォローアップ・インタビューが行われて理由が明らかになっていった。あるメンバーは次のように語った。「最初のうち，私は大変不安で，自分の行動全てについて批判されないように気をつけていました。軍の中では，『ミスは致命的』なのです。うまくいかなかったら誰かが批判されることがわかっていたので，私は，絶対に自分が批判されないように注意していました。自分の提案が価値あるものだと確信していても，失敗するのが怖くて，提案することをやめてしまいました。私には悪い案だと思えることを他の誰かが提案しても，私は一言も言いませんでした。その提案がうまくいかなくても，それは私のミスではなかったからです。私はまさに良い軍人であり，命令に忠実に従っていました。トラブルを避けることだけを一生懸命やっていました。全員がそうでした。このことが，我々の業績がとても悪かった理由なのです」。

　「強制」は，短期的な目標達成には役立つこともあるが，欠点の方がはるかに多い。チーム・メンバーをエンパワーしているというよりは，むしろ自己防衛を助長し，創造性と生産性を制限してしまっている。しかし，「強制」はよく新米のマネジャーがやろうとする方法である。彼らは他にどうやったらよいかわからないのかもしれないし，このようにやらなければならないと思っているのかもしれないし，マネジャーとして他の方法がわかっていないのかもしれない。

　対照的に，チームワークへのアプローチとしての「妥協」は，人々が一致しないのは「避けられないことである」と仮定する。チームのためには，各人の意見が違うことを忘れ，お互いを尊敬し，多様性を認め，自分たちの違いを解決するように期待されている。

〈事例〉 ある州立大学の学部長であるクレイ教授は，教授会に指示を与えた。「皆さんの使命は，皆さんが興味ある全ての領域をカバーするカリキュラムを作ることです。全員が専門家ですから，和をもって一緒に働いてくださることを期待します。話し合いにおいては，どんな言い争いも，敵意も，個人的感情の表出も皆さんの目標の妨げになります。皆さんは経験豊富な教授会のメンバーですから，妥協のしかたはよくご存じでしょう。どうぞ頑張って下さい」。
このチームがつくったカリキュラムは，非常に不満足なものであった。多くの学生は，莫大な数の必要単位について不平を言った。洞察力にあふれた教授会のメンバーは，起こったことについて次のように語った。
「どういうわけか，教授会というと私は決まって病気になりました。教授会が非常にいらいらするものだとわかっていたのです。不合理だと思える考えがたくさんあっても，我々は暗黙のうちに否定的な意見を言わないようにしていたので，私も和を優先して何も言わないでいました。皆が同じことをしたので，結局，我々は身動きがとれなくなり，途方にくれていまいました。我々には，一人のアイデアが別の人のアイデアより良いということを表現する方法がなかったのです。その結果，我々は皆のお気に入りのアイデアを全て受け入れ，カリキュラムに負担をかけすぎてしまったのです」。

「妥協」は，「強制」に比べて明白な否定的な行動を生み出さないが，やはり効果的なチームをつくるにはほど遠いのである。皆は表面的に「うまくやっていく」のだが，実際は，隠れた議題が話し合いを支配するのである。
また，「補完」アプローチは，課題を分割することによって人々が個別に自分の得意なことを担当し，他のひとを補うことである。メンバーの多様なスキルとパーソナリティを集めることによって，課題をうまく達成するための手段を生み出そうとするものである。例えば，チーム・メンバーを認知のスタイルや意思決定のスタイル（権威主義者，論理思考の人，感情豊かな人，直感的な人，外向性の人，左脳的な人，統制の強い人，その他）で分類することができる。リーダーは，チームを，個人の正しい組み合わせから構成しようと試みるのである。この補完的アプローチは，チームをより効率的にすることには役立つかもしれないが，チーム・メンバーが不安や自分について

の感情とお互いの人間関係についての感情に対処しなければならない問題に直面した時，補完関係だけでは最終的な問題の核心には迫れない。

> 〈事例〉 マイヤーズは，ある大きな製造会社でトレーニングを行っていた。彼女は，グループに次のように言った。
> 「私たちがこれから行う実習は，少なくとも2つの違うスキルを必要とします。数学の計算をじっくり考えながら，人間の感情にも敏感になって下さい。あなたがどのタイプを指向するかについてはすでにテストを行いました。このチームには，論理的タイプの人と感情的タイプの人の両方が混ざって編成されています。どうぞ頑張って下さい」。
> 参加者の一人は，チームが成し遂げたパッとしない結果を説明した。
> 「私が最初にしたことは，自分のために重要な場所を確保することでした。私はグループの中で『感受性』の面では飛び抜けており，感情を代表していました。私は，グループの『論理的な人』がミーティングを支配し始めていることに気がつきました。そして，私は，どうして血も涙もある現実に生きている人間に注目しないで，機械的に冷酷に数字にだけに集中できるのか，と少しばかり鋭いコメントを開始しました。少しやりすぎたかもしれませんが，私は押しつけられるのが好きではなかったのです」。

オープン・チームワーク・メソッドでは，問題は，意見の相違や認知やパーソナリティ・スタイルの違いから起こるのではなく，自分のポジションに固執する柔軟性のなさから起こるのだとメンバーは理解している。我々は，率直に自分たちの柔軟性のなさ（低いセルフエスティームの問題から生じる）の背景にある個人の感情と恐れを検討することに同意する。さらに，それらの感情は問題を解決していく上での大きな要因となるのである。チームワークは，「開放性」をいかなる問題をも解決できる方法として使うことから，生まれるのである。

「補完的」アプローチは，課題のために全ての個人的な必要条件が揃っていることを確実にすることによってチームの問題を解決しようとするものである。したがって，チームの行動は，最初のうちは効率的である。しかし，誰かに恐れがあると，防衛的になり，柔軟性がなくなり，チームは弱くなっ

てしまう。したがって，防衛的で柔軟性に欠ける行動に対処するための明確なメソッドを持たない「補完的」アプローチは失敗するかもしれない。この問題のもっと適切な解決策は，協働性の概念に基づくオープン・チームワークである。

第1章：生産性の高いチームをつくる

振り返り　チームワークについて考える

1. 私はチームの一員としての役割をどのように果たしているか？　私の長所と短所は何であるか？　私は一人で働くことを好むか，または，グループで働くことを好むか？　それはなぜか？　私の好みよって得られる見返り（ペイオフ）は何であるか？
2. チームの最高の利益にはならないにもかかわらず，私が柔軟性なく自分の立場に固執するのは，チームのやりとりのどの領域においてであるか？　グループやチームにおけるどんな体験によって，私は不安になったり，恐れを感じたりするのだろうか？　例えばどんなことか？
3. チームのやりとりにおいて，私は自分が望む程度にオープンであるか？
4. チームワークにおいて，私は正直をどのように考えるか？　正直と開放性は，同じくらいチームワークに重要だと思うか？
5. チームの効果性のために人々に責任（義務）を持たせることはどれくらい重要であるか？　責任と義務が役に立った時と邪魔になった時のことを考えることができるか？
6. 私の組織において，強制的なチームワークのアプローチがふさわしいのはいつか？　なぜか？
7. 私の組織において，妥協がチームワークに対する効果的なアプローチであるのはいつか？　なぜか？
8. チームワークにおける補完的アプローチに対する私の最初の反応は何であるか？　その長所と短所は何であるか？
9. チームワークに対するどのアプローチが，私の組織で起こっていることを最も良く説明しているか？
10. 私は，柔軟性のなさ（こだわり）が私の組織でチームワークを傷つけたことをどう見てきたか？　柔軟性のなさが私自身のチームへの参加を傷つけてきたことをどう見てきたか？

協働性：チームワークに対する補完的アプローチ

「柔軟性のなさ（こだわり）」がないことが良いチームワークの基本である。しかし，他の人と働くという私の能力は，我々の協働性と補完，つまり，お互いを向上させ，お互いの持っていないものを補い，お互いをサポートしあう我々のパーソナリティやスタイルに大いに依存するのである。したがって，「類は友を呼ぶ（羽の同じ鳥は一緒に群れて集まる）」と「正反対はひきあう」というフレーズは明らかに反駁するものであるが，調和できるものなのである。

「類は友を呼ぶ」という格言は，雰囲気の協働性，すなわち，風土や一般的習慣といった我々がやりとりを行う舞台設定に関係がある。「正反対はひきあう」という格言は，役割の協働性，つまり，我々が演じたいパートに関係する。チーム・メンバーとしてどのように働きたいかという我々の好みが主として合理的であれば，補完アプローチは，起こったどんな問題にも対処することができるはずだが，多くの場合，そうではない。私はどのように特定の雰囲気と役割を好むようになるのだろうか？　この好みの根底にあるものが，チームと私が，なぜ，そして，どのように我々の違いを解決したり，解決できなかったりするのかについて多くのことを語ってくれるのである。

雰囲気の協働性

私は，組織の中で，仲間性，支配性，開放性というヒューマン・エレメントの次元に沿って，様々なタイプの雰囲気を好む。雰囲気という用語は，働いている環境と意思決定へのアプローチにも関係するのである。雰囲気は，共有された行動，信念，価値観，背景で構成され，仲間性，支配性，開放性において異なるレベルやタイプとなる。どの雰囲気が良いとか，悪いとかいうことはない。各タイプはそれぞれ利点もあれば欠点もあり，組織や人や課題によって変わるのである。ブレーンストーミングは，通常，高い仲間性，低い支配性の雰囲気の際にベストである。短い時間で仕事を完了しようとする時には，高い支配性，低い開放性（すなわち，構造があり，ビジネスライク）の雰囲気がより効率的であり，全てがきちっと計画され，組織化される。

雰囲気は，高い―低いという言葉を用いて表現できる。

次　元	雰囲気
高い仲間性	一緒，対話的
低い仲間性	一人，個人
高い支配性	階層（ヒエラルキー），構造（ストラクチャー）
低い支配性	流れのまま，自然発生的
高い開放性	率直（オープン）
低い開放性	非個人的（ビジネスライク）

　仲間性の雰囲気が高ければ，しばしば情報を交換し，会議を行い，お互いにやりとりをして，問題を解決する。密接に一緒に働き，共同で意思決定しなければならない人々やワーク・チームは，高い仲間性の雰囲気である。低い仲間性の雰囲気では，めったに会議も行わなければ，情報交換もなく，お互いに会うこともない。各自が自分の仕事を持っており，単独で個人のオフィスで行う仕事は低い仲間性の雰囲気の仕事である。そのような雰囲気では，私は問題を解決するために自分だけをあてにする。

　我々の何人かは高い仲間性の雰囲気を好み，他の人たちは低い仲間性の雰囲気を好む時，仲間性において非協働（一緒にうまく働けない）が起こる。私は一緒に集まってやりとりをしたいのだが，あなたは一人きりでいたいのである。その違いは，まさに外向的な人と内向的な人との違いに似ている。結婚生活における仲間性の非協働の例は，妻は夫に自分や友人たちと夜一緒に外出して欲しい（高い仲間性）と思っており，夫は一人家にいてテレビを見ていたい（低い仲間性）と思っている。組織の中では，仕事やオフィス・スペースのプランが仲間性の問題を表面化させることがある。私は，皆がお互いに簡単にアクセスできるオフィスの憩の場が欲しい。あるいは，少くともオープンドア・ポリシーでやりたい（高い仲間性の雰囲気）。あなたは，ドアに鍵がかかる個人のオフィスを好むかもしれない（低い仲間性の雰囲気）。

　支配性の好みは，同様にチーム内の協働性に影響を及ぼす。高い支配性の

雰囲気は，厳しい階層，構造，権威の明快な境界線，命令を与えたり受けたりすることに対する明確な規則を必然的に伴う。一般的には，計画ははるか前に作成され，最も多くのパワーを持つ人間が葛藤を解決する。軍隊はまさに高い支配性の雰囲気の組織の例である。対照的に，低い支配性の雰囲気では，ほとんど階層がない。皆が等しく意思決定のパワーを持ち，必要に応じて我々の間にあるパワーを変更できる。私は「流れのままに」を好み，相互交渉によって葛藤を解決し，私が賛成した自分の計画を構成する。一般的には，民主主義（地方自治行政区のリーダーシップ諮問委員会のような）や自由放任主義の組織は低い支配性の雰囲気を持つ。あるメンバーは全てが事前に計画されているような明快なパワー構造を望み，他のメンバーは全員が決定に参加する平等主義の構造を望んでいたら，このメンバー同士は協働できないだろう。規律対自由裁量，そして，階層対民主主義は，支配性レベルで協働できないことを表す対比の形容詞である。私は，葛藤を解決する方法からしてあなたに同意しないので，最初から協働できない。私は最もパワーを持っている人間に葛藤を解決する決定を下してもらいたいと思っており，あなたは皆で共同で葛藤を解決したいと思っている。あなたと私が柔軟性なく自分の立場に固執すると，我々の問題点は存続し続けるのである。

　開放性の雰囲気は，感情の表現についての好みである。高い開放性の雰囲気では，私は自分の感情について率直であり，感情を考慮することによってお互いの違いを解決する。低い開放性の雰囲気では，仕事中でも仕事外でも個人の問題や人間関係は排除され，私はビジネスライクであったり，感情を示さなかったりする。あなたは感情的にオープンな雰囲気を欲し，私がビジネスだけに固執したい時，協働できない状況が起こる。あなたは問題に関係する人たちの感情を考慮したいが，私は「事実」に基づいた解決策が欲しい。問題は，問題に対する意見の不一致というより，どのように我々の違いを解決するかということに合意できないことであった。

〈事例〉　調査研究所の部長のボブは，自分の部門に重大な問題があることに気づき，全てをオープンに話し合うミーティングを計画した。ボブは皆が彼を信頼していないことを知っていたし，ある人たちの仕事のやり方に対して自分が

> 批判的なこともわかっていた。彼はこれら全ての苦情の種をオープンにさらけ出し，きれいに片付けたかった。
>
> 　ミーティングでは，ボブは強い反対にぶつかった。重要なセクション・リーダーのフレッドはこれらの問題を検討したくなかったので，彼は自分の意見を全く言わなかった。ミーティングは失敗だった。
>
> 　後にフレッドは，「解雇されるのが恐くて（つまり，「自分のキャリアにマイナスになる異動」）本当に感じていることを言うのは安全だとは思えなかった」とコンサルタントに話した。これはまさに，開放性における意見の相違の一つの例であった。

役割の協働性

　役割の協働性は，我々が職場の中でやりとりをする時，お互いがどのような役割を演じるかに関係する。役割の非協働性には2つのタイプがある。
　「あなたと私は対決的である（すなわち，どちらも，自分が先に行動を始めたい，受け手にはなりたくないと思っている）」と
　「我々は無気力である（すなわち，どちらも，受け手になりたい，自分からは行動を始めたくないと思っている）」である。
　対決的な雰囲気の非協働性は，一般的に，明確で理解しやすい。おおっぴらな衝突や権力闘争や縄張り争いを招くからである。無気力な雰囲気の非協働性は表面化せず確認するのが難しい。最もわかりやすい徴候は，起こらなければならない状況で何も起こらない時である。他の誰かがやることになっていると思っているので，誰も何もしないのである。表1.1は，仲間性，支配性，開放性というヒューマン・エレメントの次元から見た役割の非協働性を表わしている。
　仲間性に関しては，あなたが一緒に集まってくれと誘われることを好むのと同じ程度に，私が一緒に集まろうと私から誘い始めることが好きな時に協働性が成り立つことを意味する。例えば，私がホストであることが好きであり（すなわち，私があなたを招待したり，接触をとり始めたりするのが好きである），あなたがゲストになることが好きである（すなわち，あなたは私

の招待を受けるのが好きである）時，その点に関しては我々はうまくやっていけるのである。我々が共に強く自分から誘いたいが，どちらも他の人から誘われたくない時には，対決的な非協働性が起こる。この場合，我々はどちらも自分の同伴者を自分で選びたいのである。逆に，他の人から誘われたいにもかかわらず，どちらも躊躇して自分から申し出ないで，ただ招待を待っている時，無気力な非協働性が起こる。

表1.1. 役割の非協働性

次 元	対決的	無気力
	両者とも次のように言う。	両者とも次のように言う。
仲間性	「電話をかけてくるな，私から電話するから」	「あなたからの電話を待っている」
支配性	「私はここを預かっているんだ。何をしろと命令するな」	「何をしたらよいか言ってくれ。何をしろとは言わないから」
開放性	「あなたに私を知ってもらいたいが，あなたを知りたいとは思わない」	「あなたに関する全てのことを話してくれ。自分のことはあなたに言わない」

　支配性に関しては，私が命令を与えることが好きであるのと同じ程度に，相手が命令を受けることが好きな時に役割の協働性が成り立つことを意味する。あなたがその状況を仕切ることが好きであり，同じ程度に私が誰かに責任を引き受けてもらいたいと思っている時に，両者は協働できる。両者が共に管理するのが好きで，どちらも命令を受けるのが好きでない時，対決的な非協働性が起こり，権力闘争に入る。両者は勝つことや正当化することに熱心になりすぎて，お互いの立場を聞いたり感謝することができなくなる。我々が共に従順で，何をしたらよいかを命令されたい時，無気力な非協働性が起こる。上司であるあなたは意思決定をすることが難しく，部下である私が自ら行動を起こそうとしないので，一緒にいても全く効果的ではない。最終的に，両者は一緒に働くことのできる他の人を探すことになる。

開放性の次元では，相手が他の人にオープンになってもらいたいと思っているのと同じ程度に，私が自分からオープンになるのが好きな時，役割の協働性が成り立つことを意味する。例えば，私が自分の最も深い思いや恐れや考えを人に打ち明けることを好み，あなたが私の話を非常によく受容してくれる時である。しかし，あなたは自分の感情を心に留めておきたいかもしれないし，私は他の人の秘密や感情を聞きたくないかもしれない。我々の他の違いに関係なく，それぞれ，相手が与えたいことを受け取ることになるので，役割の協働性が成り立つ。我々が共に，自分からはオープンになりたいけれども，他の人からはオープンに接して欲しくないとき，対決的な非協働性が起こる。我々は共に，「私がオープンになりたい時は，誰に対して自分がオープンになりたいかは私が決める」と言う。我々が共にもっとオープンな関係を持ちたいと思っていても，どちらも自分からオープンになろうとしない時，無気力な非協働性が起こる。例えば，我々はお互いに魅力を感じるかもしれないが，どちらも最初の動きを行わないのである。

振り返り　雰囲気と役割の協働性について考える

　仲間性，支配性，開放性の次元においてどんな役割と雰囲気になりそうかを考えて，個人の好みのグループを判断し，我々がどれくらいうまく一緒に働けそうかを予想することは可能である。そのような評価は，とりわけ，我々が以前に一緒に働いたことがなかったり，新しい組織での職場集団のようなお互いを知らない状況で役に立つ。

　チーム・メンバーの役割の協働性を判断するために，全チーム・メンバーは仲間性，支配性，開放性において，発信の程度と受信の程度について自分を査定する。それから，全ての3つの次元における発信の度合と受信の度合をお互い比較し合う。これらのスコアが特定の次元で高ければ，その次元において協働性がより高くなる。

　例えば，我々が共に自分自身を「私はあなたに対してオープンである」（マス目 31 ）の項目について低く評価しているとしたら，それはなぜ我々のコミュニケーションが表面的であるのか，そして，一旦は同意したはずの問題が後になって実は同意していなかったという事実がどうして起こるのかを説明できる。補完的チームワークを決定する雰囲気と役割の好みについて，ヒューマン・エレメントの周期表の12のマス目（行動に関する）を示す。

第1章：生産性の高いチームをつくる

	対人関係：発信 自分(私)から他者(あなた)へ		対人関係：受信 他者(あなた)から自分(私)へ		個　人 自分(私)から自分(私)へ		他　者 他者(あなた)から他者(あなた)へ	
	現実	欲求	現実	欲求	現実	欲求	現実	欲求
仲間性	私は あなたを 誘う [11]	私は あなたを 誘いたい [12]	あなたは 私を 誘う [13]	私は あなたから 誘われたい [14]				
支配性	私は あなたを 統制する [21]	私は あなたを 統制したい [22]	あなたは 私を 統制する [23]	私は あなたから 統制されたい [24]				
開放性	私は あなたに オープンで ある [31]	私は あなたに オープンで ありたい [32]	あなたは 私に オープンで ある [33]	私に オープンで あってほしい [34]				
重要感								
有能感								
好感								

役割の協働性
比較する：

11, 21, 31	私はどのようなあなたに行動するか（私はあなたを誘う，私は統制する，私はあなたに対してオープンである）
と	
14, 24, 34	あなたは私にあなたに対してどのように行動して欲しいか（あなたは私に誘われたい，あなたは私にあなたを統制して欲しい，あなたは私にあなたに対してオープンであって欲しい）

例えば，私があなたを統制したいと思うのと同じ程度に，あなたが私にあなたを統制して欲しいと思っていれば，我々は支配性の領域において協働できる。

雰囲気の協働性
各次元の4つの全ての局面にスコアをつけるために，次の項目を使う。

11, 12, 13, 14	これは，仲間性における私の好みの雰囲気である。 一人きり　　0 1 2 3 4 5 6 7 8 9　　一緒に
21, 22, 23, 24	これは，支配性における私の好みの雰囲気である。 流れのまま　0 1 2 3 4 5 6 7 8 9　　階層で
31, 32, 33, 34	これは，開放性における私の好みの雰囲気である。 感情を示さない　0 1 2 3 4 5 6 7 8 9　　開放的

私の高いスコアはどれか？　これらの好みの中で，私が柔軟性に欠けているかもしれないものはどれか？　私が4つのマス目全ての仲間性について高いレベルを好み，あなたが低い仲間性の雰囲気を好むなら，我々は仲間性の雰囲気において協働しない。それぞれのマス目の好みが同じようになればなるほど，我々の雰囲気の協働性はどんどん高まっていく。

19

第1章：生産性の高いチームをつくる

柔軟性のなさ（こだわり）：チームワークの敵

　すでに触れたように，チームが失敗し，効果的でなくなるのは，グループ・メンバーの意見の違いのためではなく，メンバーが自分の立場に固執する柔軟性のなさ（こだわり）のためである。柔軟性のなさは，今まで見てきたように，防衛的行動の一つである。柔軟性のなさが存在するか否かは，私のセルフエスティームに大きく依存する。私のセルフエスティームが高い時，自己の気づきによって私はいつ自分が防衛的であるかを認めることができる。自己の気づきがなければ，防衛のメカニズムが私の認知を支配するだろう。私が自分の防衛を強める時，私の行動や感情や認知は全く柔軟性がなくなる。
　柔軟性のなさは，「無視される」「バカにされる」「拒絶される」という私自身の恐れ（大部分は無意識）から直接生じるのである。これらの恐れは，「重要でない」「有能でない」「好かれてない」という私の感情（これも，主に無意識）から生じる。
　全員が高いセルフエスティームを持っているなら，つまり，我々が，意識的にも無意識的にも，「重要である」「有能である」「好かれている」という感情があれば，難しいかもしれないが，我々の違い（知的レベル，民族，文化，性別など）は全て全員に意識され，後は論理的に解けばよいパズルのようなものとなる。自分の恐れと感情に気づいているチーム・メンバーは，お互いの違いをしっかりと認めることができ，より充実した解決策を得るためにお互いを創造的に統合できるのである。
　雰囲気と役割の特定の好みについてさらに浮き彫りにしていくと，仲間性，支配性，開放性に関する私の行動や感情と同じように，私の役割と雰囲気における好みには合理的な部分と防衛的な部分がある。合理的な部分は，私の意識的な選択の結果である。自己の気づきによって，私はどんな雰囲気の中でも柔軟に仕事ができ，必要になればどんな役割でもとることができる。防衛的な部分は，柔軟性のなさを生み出す不安感を表している。私は自分の望まない辛い嫌な感情を体験しないように自分自身を守る必要があると無意識のうちに感じているので，合理的なレベルを越えて，特定の好みに執着するのである。

▎好みの雰囲気

　私が理性的に特定の雰囲気を選ぶ時，私はその雰囲気が役に立ち，楽しいと思うから好むのである。状況が変わり，違う雰囲気で働かなければならないとしても，私は十分に柔軟であり，気持ち良くその雰囲気に対応できる。例えば，私は一人で働くのを好む（低い仲間性の雰囲気）が，私がチームの一員になることで最もうまく問題が解決できるなら，私は気持ち良くチームの一員となることができる。

　対照的に，私が不安を避けるために，脅威を感じない雰囲気を選んでしまうと，私が別の新しい雰囲気に適応することは難しい。セルフエスティームが低いので，自分について気づいていないある種の恐れを持っているのである。私はある特定の雰囲気が自分にとっては脅威ではないと思っているので，その雰囲気に異常な熱意を示す。例えば，その課題は皆が協力して実行した方がはるかに良い結果を得ることができるとしても，無意識のうちに，無視されるという恐れとグループの中で私が重要でないという感情を軽減するために，私はグループで働くことをできるだけ避け，一人で働くことを主張するかもしれない。私が有能であると思えないなら，私の無能力さが暴露されないような構造を提供してくれる高い支配性の雰囲気を望んだり，想像したりする。表 1.2 は，私の防衛的な信念が，どのように私の不安を楽にし，脅威を減らし，私の恐れと否定的な感情を軽減してくれる特定の雰囲気を私が好むようになるのかを示している。

　私が特定の領域において不満足な自己概念を持っていれば，私はそれに応じた雰囲気を選ぶだろう。私は，身を引く（低い雰囲気）という行動をとるかもしれない。そして，その行動は，「あなたが私を無視するか，見捨てる（仲間性）とわかっているので，また，私をバカにするか，当惑させる（支配性）とわかっているので，また，私を拒絶するか，軽蔑する（開放性）とわかっているので，私はあなたにそういうチャンスを与えない」という無意識のメッセージである。さもなければ，私はその雰囲気に飛び込み，自分ではできないやり方を人に代わりにやらせようと試みるかもしれない。つまり，人が私のことを気にかけ，尊敬し，好きになるようにさせるのである。「私は自分が重要でない（仲間性），有能でない（支配性），好かれていない（開

第1章：生産性の高いチームをつくる

表1.2. 柔軟性がない好みの雰囲気の基礎

私は……なので	……の雰囲気を望む	そうすると……なので，私の不安は和らげられるだろう
仲間性		
私は生き生きしていないので，何も感じない。	高い仲間性	あなたが私を刺激してくれるので，私はより生き生きした感じがする。
私は生き生きしていないので，何も感じない	低い仲間性	他の人を気にすることなしに，私は自分を刺激することができる。
重要感		
私は重要でないので，自分が無視されるのではないかと思う。	高い仲間性	あなたは私に注意を払わなければならない。
私は重要でないので，自分が無視されるのではないかと思う。	低い仲間性	あなたが私を無視する前に，私はあなたを無視する。
支配性		
私は自分を十分に統制できないので，自分を抑え切れなくなることを恐れる。	高い支配性	あなたは私を統制する。
私は自分を統制しすぎているので，これ以上統制されることを恐れる。	低い支配性	少なくとも，あなたは私を統制しない。

表 1.2. 柔軟性がない好みの雰囲気の基礎

私は……なので	……の雰囲気を望む	そうすると……なので，私の不安は和らげられるだろう
有能感		
私は有能でないので，バカにされることを恐れる。	高い支配性	私は準備ができるので，無能力さをさらけ出すような思いがけないことを避けることができる。
私は有能でないので，バカにされることを恐れる。	低い支配性	私に対する期待が少なくなり，人々は私の無能力さに気づかない。
開放性		
私は気づいていないので，自分がなぜやっているのかわからない。	高い開放性	あなたは，私が自分自身を見つけることを助けてくれる。
私は気づいていないので，自分がなぜやっているのかわからない。	低い開放性	あなたは，私がどれくらい気づいていないかわからない。
好　感		
私は好かれる存在ではないので，自分が拒絶されることを恐れる。	高い開放性	あなたが私を好きでないなら，私にすぐにそう言ってくれる（予想外の拒絶はない）。
私は好かれる存在ではないので，自分が拒絶されることを恐れる。	低い開放性	たとえあなたが私を好きでなくても，私が知ることは決してない。

放性）ことをわかっているが，あらゆる手段を使って，あなたが私を重要で，有能で，好かれている存在であると感じるようにするつもりである」と，無意識のうちに言っているのである．

　チーム・メンバーが柔軟性がなく，特定の種類の好みの雰囲気にこだわり続ける場合，そのメンバーが柔軟性のなさに気づき，直接それに対処する時だけ，柔軟性のつよさを解決できる．私の恐れも受容してくれる集団の雰囲気の中では，普通，恐れに対処しようとする私の意欲と能力を高めてくれる．そして，セルフエスティームを高める方法（個人編）を，さらに自分の恐れを減らすために使うことができるのである．

振り返り　柔軟性のなさと好みの雰囲気を考える

1. 私はもっと生き生きしていると感じるために人と一緒にいたいと思ったことがあるか？　いつ？
2. 私は人から無視されるのを避けるために一人でいたことがあるか？　いつ？
3. 私は自分の行動を信頼していなかったので，人から統制されることを求めたことはあるか？　いつ？
4. 私が有能でないことが暴露されないように責任を避けたことがあるか？　いつ？
5. 人々が私に対する嫌悪感を表さないようするために業務に固執しようとしたことはあるか？　いつ？

第1章：生産性の高いチームをつくる

▌好みの役割

　私は，他と比べてある一つの役割が単純に好きである。私はその役割に慣れており，それを行う才能を持っており，他の役割に比べて快適な感じするのであるが，必要とされたり，望まれれば，簡単に適応することができる。例えば，私は管理することを好むが，ある種の状況では，私はリーダーでなく，むしろフォロアーになることが要求されれば，その時は，私は快適に人に従うことができる。

　また，チーム・メンバーの一人，または，複数のメンバーが柔軟性がなく，特定の役割に執着する時，協働できない状況をつくりだしてしまう。例えば，あなたも私もリーダーになりたいと思っており，どちらもリードされたくないと思っていたら，我々は権力闘争を始めるかもしれない。我々の役割は補完的でない。その権力闘争が袋小路に入ってしまうか，あるいは，刺激的なやりとりと創造的な解決策を導くことができるかどうかは，我々が自分の役割を保持しようとする柔軟性のなさによるのである。

　また，私は，他の役割は非常に不快な感じがするという理由で，特定の役割だけを行うかもしれない。例えば，私が低い仲間性を好むとしたら，ゲストの役割が好きだろう（すなわち，私は招待されることが好きである）。しかし，もし誰かが私にホストになってくれと頼んだら，私は招待する側になることはいやなので，いらいらする。私の役割を選択する根拠となる不安の程度に従って，私は柔軟性がなくなり，力ずく，怒り，拒絶，知的な論争，嘘の約束といった利用できる手段は何でも用いて私の好みの役割に執着する。私は，無視されたり，バカにされたり，拒絶されるような状況に自分がさらされることを恐れるので柔軟性がなくなるのである。そして，柔軟性のなさから，問題を解決する際，私は効果的でないにもかかわらず自分の好みの役割に執着するのである。

　役割の柔軟性のなさは，非協働性のタイプに関係なく存在する。対決的な非協働性では，お互いが自分の思い通りにやることを主張して，自分から退くことを拒絶し，いかなる点においても妥協しない。労使問題によるストライキ，夫婦間の不一致，民族間の敵意は，このパターンであることが多い。無気力な非協働性では，我々は麻痺停滞するのである。自己概念に対するひ

どい結果を恐れて，どちらも自分から行動を起こさない。我々は活気がなく，前進することができないのである。これも同じように我々の生産性に破滅的な影響を及ぼす。私はあなたが参加するミーティングを避ける。我々が一致しない重要な決定について，私はあなたと直接話し合うことをしない。その結果，期限に間に合わず，我々の決定を待っている人々の仕事が遅れ，我々の効率もどんどん低下していく。

　表1.3は，なぜ私が柔軟性がなく，特定の役割に固定されてしまうのかについていろいろな理由を紹介している。私の柔軟性のなさを解消してくれる唯一の方法は，自分の恐れ，感情，不安に気づき，直視し，そして，自分の行動を変えるかどうかを選択することである。

表1.3. 柔軟性がない好みの役割の基礎

なぜなら……	私がこの役割をとれば，（あるいは私は……であることを望む）	……なので，私の不安は和らげられるだろう。
仲間性		
私は生き生きしていないので，何も感じない。	ホスト（発信者）	私はあなたによって刺激される。
私は生き生きしていないので，何も感じない。	ゲスト（受信者）	あなたは私を刺激する。
重要感		
私は重要でないので，無視されるのではないかと思う。	ホスト（発信者）	あなたは，ホストである私を無視することはできない。
私は重要でないので，無視されるのではないかと思う。	ゲスト（受信者）	あなたは，私に注意を払わなければならない—私はあなたのゲストだから。
支配性		
私は自分を十分に統制できないので，自分を抑え切れなくなることが怖い。	リーダー（発信者）	リーダーとしての責任から自己統制が必要となる。
私は自分を十分に統制できないので，自分を抑え切れなくなることが怖い。	フォロワー（受信者）	あなたは，外部から私を統制する。
私は自分を統制しすぎているので，これ以上統制されることを恐れる。	リーダー（発信者）	私が管理しているので，あなたに私を統制するようなことはさせない。
私は自分を統制しすぎているので，これ以上統制されることを恐れる。	フォロワー（受信者）	責任を全く持たないことで，私は統制されることが少なくなる。

表 1.3. 柔軟性がない好みの役割の基礎

なぜなら……	私がこの役割をとれば，（あるいは私は……であることを望む）	……なので，私の不安は和らげられるだろう。
有能感		
私は有能でないので，バカにされるのではないかと思う。	リーダー（発信者）	私が議題を決めるので，何事に対しても準備できる。
私は有能でないので，バカにされるのではないかと思う。	フォロワー（受信者）	ただ言われた通りに正確に行動するだけなので，私には何の責任もない。
開放性		
私は気づいていないので，自分がなぜやっているのかわからないのが怖い。	発表者（発信者）	私は，自分がすでによく知っていることだけを始める。
私は気づいていないので，自分がなぜやっているのかわからないのが怖い。	聞き手（受信者）	あなたに起こっていることを私に話してくれることをあてにする。
好感		
私は好かれる存在ではないので，拒絶されることが怖い。	発表者（発信者）	あなたが私を拒絶するなら，あなたすぐに言うだろう。
私は好かれる存在ではないので，拒絶されることが怖い。	受け手（受信者）	あなたに最初に動いてもらえば拒絶されることは少なくなるだろう。

第 1 章：生産性の高いチームをつくる

振り返り　　柔軟性のなさと好みの役割を考える

1. 誰も私を招待してくれなくなることを恐れて，私は人を招待したことはないか？　いつ？
2. 私は，あれをしろ，これをしろと言われることを避けるためにリーダーシップの役割をとったことがあるか？　いつ？
3. 私は，自分のことを考える必要をなくすために従属的な役割をとったことがあるか？　いつ？
4. 私は，誰も傷つけないようにするために黙っていたことがあったか？　いつ？
5. 私は，自分が気づいた行動を否定したかったことはあるか？　なぜ？
6. 私が変えたいと思っている柔軟性のなさについて，この自己洞察は私に何を語っているか？

2. チームワークへのアプローチ

集団の発達における問題

　集団は，仲間性，支配性，開放性の次元に沿った段階を通って発達していく。協働性の問題は，また，集団の開発の中に含まれるのである。特定の段階の中で生じるこれらの問題を理解することは，我々全員が集団内で起こっていることをもっと寛大に受け止め，集団ぐるみの発達により効果的に対処できるようになるために極めて重要である。

> 〈事例〉　学生寮に住む大学生に，一人ずつ次の条件に対して適当な人を選んでもらうような調査を行った。(1)寮長には誰がよいか。(2)２週間かけてアメリカ横断のヒッチハイク旅行をするとしたら，誰と行きたいか。(3)ルームメートには誰を選ぶか。３つの状況は，人間関係の長さと深さの観点から異なる状況が選択された。また，学生の好みの雰囲気と役割を測定するテストも行われ，各ペアの雰囲気の協働性も計算される。
> 　その結果は，仮説を確認するものとなった。
> 　「最も短い期間の人間関係（寮長）を選択するための最もふさわしい指標は，仲間性の協働性であった」
> 　「適度に長い人間関係（ヒッチハイクを一緒にするパートナー）を選択するための最もふさわしい指標は，支配性の協働性であった」
> 　「長期的な人間関係（ルームメート）を選択するための最もふさわしい指標は，開放性の協働性であった」

〈段階１：仲間性〉

　チームの発達の初期の段階では，仲間性の協働性が最も重要である。仲間性の段階は，その集団が形成される時から始まる。
　私が他の人と対面する時，まずこの集団のどこに自分が適合するかを探す。私は相手の内側にいるだろうか，相手の外側にいるだろうか？　私は注意を払われるだろうか，放っておかれ無視されるだろうか？　もしこの答えに不安であれば，私は度を越して話し始めたり，沈黙したり，自己顕示欲を強く示したり，自分の個人的な話を語ったりするかもしれない，つまり，私のアイデンティティのカードを提示するのである。同時に，私は集団にどれくら

い自分を捧げるかを決断し始める。

　集団で自分がどのように処遇されると思うかという予測に従って，他の人間関係や義務も考慮して，私がこの集団にどれだけの時間とエネルギーを注ぐかを決める。私は自分が好む快適な役割を取れないと思えば，おそらく他にやらなければならない義務があるから，集団に多くの時間を注ぐことは「不可能である」としてしまうだろう。一方，私が望むような役割を取ることが期待できれば，例えば，私がリーダーになれるとしたら，また，冗談をいう人（ジョーカー）やアイデアをだす人といった私がなりたい役割に何でもなれるとしたら，この新しい集団に多くの時間とエネルギーを捧げるために自分の予定を半ば「奇跡的に」調整することができてしまうのである。

　「ゴブレット・イッシュー」は，仲間性の状況を示す集団の特徴である。この用語は，カクテル・パーティーで人々が自分たちのグラスやゴブレットを採り上げるところから来ており，人々を評価して，その中から自分の仲間を選ぶ時に比喩的に使われるのである。私の本当の目的は，一緒にいる人たちのことを私がどう思い，どう感じるかがわかることである。「ゴブレット・イッシュー」自体は，一般的には，ほとんど重要性がないように見えるが，私があなたのことを知るために重要な役割を果たしているのである。テーブルの形や座席のアレンジの仕方について議論するようなゴブレット・イッシューの話し合いは，しばしば空虚に見えるが，たとえ我々が何を話し合ったか後で覚えていないとしても，通常，この話し合いによってはるかによくあなたのことを知ることができるのである。そこで，ほとんどの集団はこのような議論を持つのである。集団がこうした話し合いを持たなければ，同じ目的を達成するための別の伝達手段（重大な最初の決定）を探さなければならない。集団としての最初の決定において，我々は競争したり，お互いに印象づけようとしたり，相手の機嫌を取ろうとしたり，相手を凌ごうとしたり，様々な個人的な議題を追求するために議論を使うのである。

　仲間性の段階において，私は，リーダーの集団に対する打ち込み度合い，参加の仕方，興味，準備，時間通りに物事を進めるかなどを観察する。リーダーが躊躇すれば，「リーダーのあなたが気にしていないのに，どうして私が気にしなければならないのか？」と私は感じる。リーダーが一生懸命に参

加していなければ，私はその集団に対して関心を失う。

　私は，リーダーに対して十分信頼できると感じた後，自分の関心を他のメンバーに移していく。メンバーの欠席や遅刻，どれくらい熱心に参加しているか，メンバーが集団外の活動やこの集団の活動に対してどんな優先順位を持つかなどを細かくチェックしていく。いかなるメンバーの脱退に関しても，普通，話し合いに長い時間がかかる。

　「私が何かしたのか？　彼女には出ていく権利があったのか？　自分も出ていくべきなのか？」この段階では，初めに私の好みの雰囲気（一人であるか，人々と一緒にいるか）を共有し，私の好みの役割を補完する人たちと最も協働できるのである。

〈段階2：支配性〉

　一旦（少くとも一時的にでも）我々が仲間性の問題を解決すると，次の集団の開発の特徴である支配性の協働性の問題に移っていく。この段階の行動は，リーダーシップの競争，手続きの決定，意思決定の方法，パワーの配分に関わるのである。私の関心は，自分にとって快適であるどれくらいの大きさのパワーや責任や影響力を持っているかということである。

　まず最初に，集団・リーダーと私の支配性の関係に再び注目する。私は，リーダーと特別な関係を持ちたい。一般的には，権威に対して正反対の感情を持っているのだが，私はどちらか一方に普通傾いている。片方では，私はリーダーに取ってかわりたい。リーダーのパワー全てを持ちたい。もう片方では，私はリーダーに面倒を見てもらいたいし，何をやったらよいか言ってもらいたいし，守ってもらいたいのである。

　自分が何を望んでいるのかわからないにもかかわらず，私は自分が望んだかたちでは何も起こらないと思っているので，しばしば批判や不満を表わす。この時点で，私はほとんど集団から出ていく寸前のところまでいくのだが，本当に出ていってしまうことは滅多にない。

　次に，焦点を自分の仲間との競争—「兄弟の競争」—に向け，私はリーダーや仲間から承認や尊敬の念を得るために競う。この段階では，時には明白に，時には微妙に，自慢したり，見栄を張ったりする。特に回りくどいや

り方は,「オリンピック・ゲーム」アプローチ,すなわち,明らかに自分の弱点を話しながら,微妙に他の長所である特徴もうまく織り混ぜて,英雄物語を語るのである。
　「私は本当に不器用なんです！　私はいろいろな物にぶつかったり,物を落としたり,つまづいたりするのです。なぜか,あの日,私はオリンピックの金メダルを受け取るために歩いている途中,フィールドのホースにつまづいてしまいました。そして,優秀学生友愛会の鍵とノーベル賞のメダルを落としてしまいました。私はそれほど不器用なんです！」
　この段階では,階層的か,流れのままかのどちらか同じ好みの雰囲気を持つ人や,私の好みの役割を補完してくれる人（例えば,あなたが人を統制するのを好み,私が統制されたいと思う）と協働できるのである。

〈段階3：開放性〉
　長い期間一緒に働くチームにとっては,きわめて重要な集団の発達段階である第3の段階に入る前に,私は,我々の境界線や役割分担やパワーを配分する方法に関する知識を持っている。そこで,私は別の問題に移っていく。
　「どれくらい私は人と近い関係になるか？」「私は完全にオープンになって,正直に自分の全ての感情を表わすだろうか？」「あるいは,私は自分の人間関係を表面的にして,課題指向のままでずっといくか？」「それともその間の中庸を見つけるのか？」
　この段階では,同時に,開放性について集団・リーダーとは正反対の感情を持っている。一方では,私はリーダーのパワーを恐れるのである。私が自分の秘密をリーダーに話せば,私は無防備になってしまう。しかし,もう一方では,リーダーと話してこそ,私は本当に成長できるのである。私はリーダーを信頼できるだろうか？　同様に,リーダーがオープンに話すのを聞けば,リーダーをもっと人間らしく感じることができるが,私はそうしたいのか？
　私の仲間に対する開放性においても,同様の問題が生じる。私は彼らと親しくなったり,彼らを信頼できるだろうか？　あるいは,私は危険を冒さず,私の不利になるようないかなる情報もチーム・メンバーには与えないように

するのか？ 次の寓話によって説明される「ヤマアラシ現象」は，この段階では一般的である。

　ある寒い夜，何匹かのヤマアラシはお互いを暖めるために集まった。しかし，彼らのトゲがお互いをちくりと刺したので，お互いに後退りした。しばらくして，あまりに寒いので，また彼らはお互いに近寄った。一晩中，痛みなしに暖かくなろうとして，お互いに近寄ったり離れたり，快適なバランスに達するまで繰り返したのだった。

　集団において，私は，拒絶や他の苦痛を体験するような危険や，冷たい感情や孤独な感情を感じることなしにどこまで距離をおけるか試しながら，微妙な形でこのプロセスを体験していく。この段階では，オープンであるかビジネスライクであるかといった私の好みの雰囲気を共有する人と私は最も協働できる。

集団と外部との人間関係

　集団内部の人間関係とは別に，集団は，とりわけ外部の影響力（取引先，顧客，他部門，一般大衆，株主，コンサルタント，政府機関，トップ・マネジメント）に対して，一つの単位としてふるまうことができる。非協働性の関係が，集団と外部の世界との間で，あたかも集団のメンバー同士の間で起こったものと同じように発達していく。

　集団内部で起こったことと全く同じように，外部の非協働性は仲間性，支配性，開放性の葛藤から発達する。チームは，外部の世界が提供するより多くの，あるいは，少ない仲間性，支配性，開放性を欲するかもしれない。この不一致を，雰囲気と役割の非協働性の組合せを用いて非協働性のいくつかのタイプに分けることができる。

外部との人間関係にまつわる仲間性の問題

強制　チーム・メンバーと私が外部の組織や個人から侵害される──つまり，あまりにも多く誘われる──という感情を持つなら，プライバシーを十分に維持することは難しい。チーム・メンバーと環境との間に十分な距離がないの

で，外部と我々のチームとが協働できなくなる。例えば，私の上司は，私の仕事が中断させられるにもかかわらず，訪問客に工場の中を案内するよう私に命令するかもしれない。

孤立　我々は，外部の組織や個人の活動に十分参加させてもらっていないし，何が起こっているかについても知らされていないと感じることもある。また私が全国に拡がったテリトリーを持つセールス・スタッフだとしたら，孤独感を味わっているかもしれない。私は，同僚に会わないで何週間も過ごすことができるが，セールス・マネージャーや本社からの十分なコミュニケーションがないと，孤立しているという感じがするだろう。

外部との人間関係にまつわる支配性の問題

バーンアウト　我々が，イベント，訪問客，プロジェクト，そして，主要業務以外の活動に対してもあまりにたくさんの責任を任されたら，バーンアウト（燃え尽き）してしまう。

　あまりに少ない人数で，あまりにたくさんのことをやってみようと試みるのである。自分が扱える以上の事柄を抱え，物事を変えることのできる本当の自分の能力に気づいていないので，私はバーンアウトを体験する。

　例えば，小さい部門をいくつも持っている親会社が，全ての部門を常に網羅するシステムを作るために管理情報システムとコンピューター・ハードウェア・システムを完全に刷新すると決定したとすると，次のようなことが起こる。まず，親会社は各部門から集めた中間管理職による特別委員会を任命する。そして，彼らは仕事を調節するために集まっているはずなのに，ミーティング毎に自分たちの任務の内容と要求が増え続けていくことに気づく。そして，設定された期限内にその課題を終えることは到底無理であるとすぐに認めざるをえなくなってしまう。さらなる要求が彼らにどっさり与えられ，自分たちの感情を自分たちよりはるかに上の地位のトップ・マネジメントに伝える方法がないと思うと，彼らはバーンアウトしてしまう。

従属　チーム・メンバーである私は，外部の規制や制約のために自分の仕事

をうまく行うことができず，無力感を感じる。例えば，本社が，最も良い方法を知っている我々の意見も聞かずに，ある特定の仕事のやり方を命令する時，我々は外部から統制されすぎていると感じる。

対決　我々が議題を決めて，命令を与えたいと思っており，相手の集団も同じことを望んでいる時，我々は権力闘争を行う。労使交渉は，どちら側も相手の申し入れを受け入れない時に対決の状態になる。

無気力　二つのチームが一緒にプロジェクトを行わなければならないにもかかわらず，どちらのチームも課題達成のための計画をつくるという責任を全く果たさない時，仕事は完全に停止してしまう。どちらのチームも相手チームが責任をもって実行してくれれば良いと思っており，どちらも自分たちからやろうとはしないのである。

▍外部との人間関係にまつわる開放性の問題

プライバシーの欠如　チームは，チームメンバー以外の人たちの問題や行動に対処するために自分たちが望む以上に多くの開放性が必要となる。例えば，会社のニュースレターのゴシップ・コラムによって，リーダーが知りたいと思っている以上，あるいは，私がリーダーに知ってもらいたいと思っている以上に，リーダーに対する私の感情を明らかにしてしまう。

蚊帳の外　我々は外部の出来事について真実を話してもらっていないし，私は他の人が隠し事をしないで真実を話しているとは到底信じることはできないと思うことがある。例えば，ある組織のマネジャーは，組織の方針や変革やその他のことを従業員に知らせる時，「知っている必要がある」と思う情報だけを伝えるアプローチをとる。私は，我々には情報が最後に知らされると思っており，たびたびリーダーを信頼しないこともある。

第 1 章：生産性の高いチームをつくる

振り返り　外部との人間関係を考える

　仲間性（孤立と強制を避ける），支配性（従属とバーンアウトを避ける），開放性（プライバシーの欠如と「蚊帳の外」を避ける）に関する外部との人間関係のバランスをとることが，チーム・リーダーである私の仕事である。今回のヒューマン・エレメントの周期表では，チームに何が起こっているか（1 番目と 3 番目の縦列）と，チームは何が起こって欲しいのか（2 番目と 4 番目の縦列）という観点から集団の外部との人間関係を明らかにする。チームが外部の組織単位に対して表す行動は，マス目⑪，㉑，㉛に示される。チームが外部の組織単位から受け取る行動は，マス目⑬，㉓，㉝に示される。他の人たちやあなたは，取引先，顧客，他部門，一般大衆，コンサルタント，その他の外部の集団や圧力を意味する。チーム・リーダーは，リーダーが何を表現したいのかということと外部の存在とどのように関係していきたいのか（マス目⑫，㉒，㉜），そして，リーダーが外部の存在から何を受け取りたいのか（マス目，⑭，㉔，㉞）を明らかにするために，この周期表のこれらの部分を内部のプロセスとして使うことができる。

振り返り：外部との人間関係を考える

	対人関係：発信 自分(私)から他者(あなた)へ		対人関係：受信 他者(あなた)から自分(私)へ		個　人 自分(私)から自分(私)へ		他　者 他者(あなた)から他者(あなた)へ	
	現実	欲求	現実	欲求	現実	欲求	現実	欲求
仲間性	私は あなたを 誘う 11	私は あなたを 誘いたい 12	あなたは 私を 誘う 13	私は あなたから 誘われたい 14				
支配性	私は あなたを 統制する 21	私は あなたを 統制したい 22	あなたは 私を 統制する 23	私は あなたから 統制されたい 24				
開放性	私は あなたに オープンで ある 31	私は あなたに オープンで ありたい 32	あなたは 私に オープンで ある 33	私に オープンで あってほしい 34				
重要感								
有能感								
好感								

第1章：生産性の高いチームをつくる

　これらの文章を用いて，集団の外部に対する人間関係に関して，リーダーである私の強みと改善すべき領域について解説することができる。これらの問題に回答する際には，現在，あるいは，過去のチームを考える。

---

11. 12.　私は，部下のプライバシーを外部の干渉から守る。
　　　　同意しない　　　0　1　2　3　4　5　6　7　8　9　　　同意する

21. 22.　私は，自分のチームが扱える以上の仕事を与えようとする人たちに「NO」と言う。
　　　　同意しない　　　0　1　2　3　4　5　6　7　8　9　　　同意する

31. 32.　私は，我々のチームが「情報の輪」の中にいるし（すなわち，外部の出来事についても真実を話してもらえる），そして，重要な情報が我々に与えられていることを確認できている。
　　　　同意しない　　　0　1　2　3　4　5　6　7　8　9　　　同意する

13. 14.　私は，自分のチームを外部の手段から誘ってもらえるようにする（関連したミーティングに呼ばれる，リストに載っている）。
　　　　同意しない　　　0　1　2　3　4　5　6　7　8　9　　　同意する

23. 24.　私は，チーム・メンバーに仕事を難しくするような制限を与えないように，外部の権威に対して働きかける。
　　　　同意しない　　　0　1　2　3　4　5　6　7　8　9　　　同意する

33. 34.　私は，チームの外部の人たちにかかわる個人的な問題（夫婦間の問題や個人的な人間関係）が我々の効果性の邪魔にならないようにする。
　　　　同意しない　　　0　1　2　3　4　5　6　7　8　9　　　同意する

　これは，私が明らかにした問題点について自分がしたいことである：

3. オープン・チームワーク

〈事例〉 スコットは，期限を守らないビルにいらいらしていた。ビルは，自分は期限がなくてもよく働いていると主張したが，スコットはしつこく話し合いを繰り返し，最後は説き伏せた。

期限がやってきたが，ビルは間に合わなかった。スコットは正しかった！ビルは約束を守らなかったのだ。生産性は最低になってしまった。

チームは，スコットとビルの緊張関係は深刻であり，ほとんど致命的で，生産性の障害となっていることを認めた。スコットとビルは，そのプロジェクトにおいては，最も経験と知識を持っていたのである。チームの皆は二人を頼りにしていたのだが，彼らは有害な競争関係をずっと続けてきた。スコットは，ビルがそのプロジェクトを致命的に悪くしないかぎり彼を解雇することはできなかった。そして，権威を主張する彼のやり方は，さらに抵抗を生むこととなった。ビルは，スコットが全く自分に感謝していないと感じていた。他のチーム・メンバーは，どちらか一人を選ばなければならないと感じ，動けなくなってしまった。彼らは何をすべきだったのか？

　チームワークの障害が個人の柔軟性のなさや人々の間の未解決の問題によるなら，非常に生産的なチームをつくるためには，これらの問題点をどのように克服したらよいのだろうか？　強制，妥協，補完といった伝統的なアプローチは，論理やパワーによってチームワークの問題を解決しようとする。しかし，誰の議論が最も論理的であるかを決めることによってチームワークの問題を解決しようとすることは，最善の解決策を必ずしも生むとは限らないのである。

　オープン・チームワーク・メソッドは，葛藤と膠着状態を突破するために新しいレベルの意識を拠り所にする。意見の違う当事者全員がもっと自分に気づくようになれば，我々はお互いの違いを解決するための全く新しい基盤を持つことができるのである。我々の敵対心と恐れは，意見の相違における極めて重要な部分であり，解決策を生み出す要因とならなければならない。そうでなければ，その解決策は適切でなくなってしまうのである。我々の感

第1章：生産性の高いチームをつくる

情と恐れを説明するためには，感情と恐れの出処を確認し，自分自身に気づき，自分の感情と恐れについて理解する気持ちを持つことである。

〈事例〉 身動きがとれずに立ち往生してしまっている欲求不満の状況だったので，スコットとビルと他のチーム・メンバーは，ヒューマン・エレメント・ワークショップに参加することに同意した。彼らが自分たちの状況を調べていくと，課題を達成するためにお互いが協力するというより，むしろお互いに戦っていたことが明解になってきた。

　スコットは，自分の有能感に対する疑いから，「自分がいつも正しいこと」が自分にとって最も重要であったことがわかったのである。例えばどんなことであれ，「自分が誤っている」ということは非常に脅威であった。その脅威は，スコットの全ての有能感を疑問視させ，その結果，ビルをはっきり見ないようにしてしまった。スコットが自分自身にそれほど気を取られていなかったら，ビルの身体による表現（ボディー・ランゲージ）にもっと気づき，ビルが期限を守るつもりなど毛頭ないことがすぐにもわかったはずである。しかし，ビルの明らかなサインを見落とすことによって，スコットは，ビルが約束を守らなかった時に，再び自分が正しいのだという態度をとるようになり，そのプロジェクトは損害を被ったのである。

　ビルはスコットに対して腹を立てていたのだったが，その感情にほとんど気づいておらず，スコットと対決する気も全くなかったのである。ビルは，守れない約束をしてスコットを受け流すことの方が簡単だということを無意識のうちにわかっていたのである。

　二人が自分自身に対して否定してきた感情に気づき始めると，ビルの憤りについて話し合い，それを解決した。ビルは，直接問題に関わることを避ける手段として，できもしない約束をするという彼の人生のパターンについての自己洞察を得たのだった。そして，そういう自分のやり方が以前彼をトラブルに巻き込んだことをスコットに話した。この話し合いはうまくいき，ビルは，対人関係の問題が起こった時にいつもやっていた偽りの同意をする代わりに，自分の考えと感情を直接ストレートに表現するよう勇気づけられた。スコットは，自分が正しいとこだわり，他の人に起こっていることに気づくことを妨げてき

> た長期にわたる自分のパターンがどのようにしてできあがったのかがわかった。そのパターンのために，感受性が鈍く，時として，弱い者いじめをするという評判を彼にもたらしていたのだった。スコットは，このパターンに気がつくと，「絶えず正しくありたい」という自分の欲求を減らすことを選んだ。その結果，彼はリラックスし，他の人が感じていることを自分も理解できるような感じがしたのだった。
> 　これらの自己洞察をもったスコットとビルは，どうしたら仕事をベストに達成できるかという観点から二人の仕事の問題を見るようになった。その結果，二人は同じゴールを目指して一緒に働くこととなった。新しい二人の関係は，ワークショップに参加する前の個人的な感情を無視して，ただ仕事だけを達成することを目指すという人間関係とは全く異なっていた。二人は，今，以前の関係を自己欺瞞と認めたのである。これらの自己洞察をもとに，二人は，自分たちとチームのためにはるかに多くの質の高い仕事をする準備を始めたのだった。

　ビルとスコットは，自分たちがチームに損害を与えるような防衛メカニズムを使っていたが，その方法と理由を理解するようになった。二人は，自分たちの行動と感情を振り返り，その中から発見したことを検討し，自分たちの高まった自己の気づきをお互いがもっとオープンになるために使おうとしたのである。このプロセスは，二人が防衛の局面から問題解決の局面へ変換するのを助けたのである。

　生産的なチームを育てるためには，より大きい組織が個人の全て—の感情，行動，その他の特徴—を理解し，受容する雰囲気を確立することである。受容とは，組織が弱点や欠点を寛容に受け入れるよう社内ルールを作って行うことを意味しているのではない。組織は，事業をよりスムーズに，より生産的に，より人道的に運営するために，我々全員が自己の気づきの向上を追求していくような雰囲気をつくることができるのである。感情と恐れを発表し，弱点を認めることが，行く手をふさいでいる問題を解決するプロセスの一部であるとわかれば，それを行っても安全だと感じるのである。そして，自己を語ることは，冷やかしの原因となるのではなく，むしろ名誉ある行為とな

第 1 章：生産性の高いチームをつくる

る。ここまで来ると，真実や正直や自己への気づきが寛容に扱われるだけでなく，奨励され，報われるという開放性の雰囲気の確立を組織は目指すようになる。そのような雰囲気は，問題が本当に存在するレベル，つまり，多くの問題が行き詰まり，言い争っているだけの意識のレベルよりさらに深いレベルで，我々に問題を自由に探究させるのである。

　このオープンな雰囲気がいったん確立されると，私は人々（自分自身を含む）の完全な本当の姿を持つことができるので，私は寛容になることを選ぶのである。私は防衛をやめ，共有された人間性を感じるようになる。真のチームワークは，チーム・メンバーが自分に気づき，お互いに正直でオープンになるよう決意する程度に従って，また，組織が自己の気づきを支持する雰囲気をつくり，育てる程度に従って成し遂げられるのである。良いチームワークとは，我々が全ての問題を解決できることをいうのではなく，むしろあらゆる問題を解決する方法として開放性を用いることができるということである。

　チームワークのモデルとしての開放性は，過激な見解である。一般的な組織では，開放性と自己洞察に報いるということがほとんどないからである。そして，自分がしたことを一切気づかせないようにして自分が欲するものを人々から得るという一般的な戦略と同様，否定や「相手が知らないうちに統制する」ような行動をむしろ助長しているからである。そのような組織で弱点を明らかにすることや，私があなたについてどのように思っているかを直接話すことは，大変稀であり，危険な行為である。

　しかし，そういう状況でも，このモデルは不思議なくらいうまくいくことがよくある。私がチームワークを改善したいと思ったら，まずチームワークを妨げている全ての人的要因に気づかなければならない。そして，チーム全員が気づき，対処できるようオープンになることで，チームワークを妨げている全ての人的要因を最終的に取り除いていく。そして，チームの全ての能力を，全ての人的要因を生み出した感情を満足させることも含めて，これらの全要因を取り入れた解決策をつくるために活用することができる。

　オープン・チームワークは生産性の飛躍的向上の鍵であることがわかってきた。新しい製品の企画から販売までの時間は減少し，ミーティングのため

の時間も大いに減り，効率的で満足感の高い労働条件はより大きな動機づけとなり，労使関係はいっそう協力関係となり，収益性は増加するという結果を生み出したのである。例えば，伝統的な今までのやり方での新しい製品の操業開始までの期間—概念の開発からフル生産までの時間—は，22カ月程である。「ヒューマン・エレメント・アプローチ」を導入しているボルチモア工場では，なんとフル操業開始まで4カ月程であった。これによって，その会社は，平均の操業開始にかかるプロセスと比較すると，900万ドルもコストをカットすることができた。また，別の顧客が報告してくれた。「1985年の秋，組合と工場，双方のマネジメントのトップがヒューマン・エレメント・ワークショップに出席した。ワークショップの2週間後，1985年11月，その組合と会社側は，今まで前例がなかった契約の改正に署名したのである。組合と工場，双方のマネジメントのトップが交渉を成功させたのは，……ワークショップに参加したためであった。協定の合意の署名がなされなければ，本社はその工場を閉鎖する予定だった」とのことであった。

最高の業績を達成するためにオープン・チームワークを用いる

　ヒューマン・エレメントでは，長期間にわたる成功を決定するのはその会社の特定の行動パターンではないと考える。成功は，効果的にお互いにかかわることができ，状況が変われば，その新しい環境に適応できるというチーム・メンバーの能力に基づくのである。集団の人たちが協働できれば，全ての能力を自分たちの仕事の問題解決に注ぐことができるのである。我々は柔軟であり，自分たちの行動を変化している状況に適応させることができる。協働性と生産性は相関関係にあるので，会社のリーダーたちの関係がオープンでなく，よく成長していなかったとしたら，ビジネス環境が根本的に変化しているにもかかわらず，従業員たちは一度うまくいった古い同じ行動に固執したままで変えようとはしないだろう。

　どのようにしたら，これらの考え方を実際に使える方法とすることができるのだろうか？　チームの協働性実習（Team Compatibility Experience）は，開放性，自己の気づき，自己責任の雰囲気を確立し，それを活かすよう

にデザインされている。現在の人間関係を改善し，将来のためにより良い関係を作るために，チームの協働性実習は，チーム・メンバーの全てのペア同士が気づきを高めるように，オープンに，正直に感情と意見を交換するための枠組みを提供する。そして，チームの中の問題点を正確に指摘することもできる。とりわけ，期待されているにもかかわらず，効果的に協働していない重要なポジションにいる二人や，今の所，能力がありながら活用されていない，今後は新しいポジションを扱う準備のあるメンバーを明確化できるのである。チームの協働性体験の目的は，チームの一人ひとりがお互いの成功のために邪魔になる考えや感情を体験した時に，それらの考えや感情を自発的に表現し，また，やりとりによって浮かび上がらせ，お互いが満足するような解決策を生み出すことを助けることである。

　チームの協働性体験は，開放性に基づく方法を用いることによってチームワークを改善する。チームメンバー一人ひとりがチームの他の人たちとどれくらいうまく一緒に働いているかを，一対一で，正直に意見と感情を交換する。各自が現在のチームの状況を生み出したことについて全ての責任を取り，そして，自分自身に気づくのである。

　チームの協働性実習を行う時は，チームの中のサブ集団でなく，チーム全体で行うことが重要である。二人の問題は，いずれにせよ必然的に他のチーム・メンバーにも影響を及ぼし，同じ状況における何人かの人たちの認知はより正確な情報を提供することになるからである。一人の人だけが指摘を与える時よりも，数人の人たちが同じ指摘を同じ人に与える時の方が大きいインパクトがある。我々はより正直でいることができ，お互いが問題を避けるために共謀するのを避けることができるのである。さらに，集団生活の原則に基づくと，最初に自分を一体化した組織単位に対して人は基本的な打ち込み度を感じる。例えば，私がメンバーが10人のチームに対して人々の打ち込み度を高めたいなら，チームを2人組みに分けてチーム活動を開始し，後でその2人組を集めてチームにしても決してうまくいかない。最初から10人の集団で始めた方がはるかに効果的である。チーム全体に対する打ち込みができたら，適当により小さい集団を効果的に用いることができる。

〈事例〉 上司と将来有望な若者に関する事例である。ある大型コンピューター会社のエンジニアリング担当の副社長が，チームの協働性実習の出来事について語った話を紹介しよう。

　私は，この会社の最も重要な製品の開発とそのマネジメントを担当している。ジャックは，若くて将来有望な私の部下で，製品のビジネス管理を監督する副社長である。残りの集団は，私の直接のスタッフで，主にエンジニアリング組織の部長である10人である。

　我々がチームの協働性体験を使用する前，私はジャックについて問題を感じていた。我々二人だけのプライベートな会話は満足いくものだったが，毎週行われるスタッフ・ミーティングでは全く違っていた。私は，自分がジャックに怒っているのに気づいたのだった。我々は，問題に対していつも正反対の立場に立っているようだった。ジャックは，「あなたが本当に言いたかったのは……ということです」と言う。そして，私は，違う，くそっ，それは私が述べたいことではない，と思うのである。ただ単にジャックが出したアイデアということだけで，彼の考えによく反対した。しかし，私は，直接ジャックに対する問題には直面しようとはしなかった。私は，「ジャックは苦痛の種ではあるが，彼はそれなりの価値がある」とこじつけた。

　我々がチームの協働性体験を行った際，私は，リーダーシップに関して，今まで私がジャックと競争してきたことを，自分自身にも集団のメンバーにも認めることができた。私は，彼の若さ，彼のカリスマ的資質，そして，とりわけ，彼の頭の回転の速さに畏れていた。全く驚いたことに，ジャックはジャックで恐れと不安感を持っていたことを私は発見した。すばやく考え，すばやく話すその背景には，私を好きで尊敬している，暖かい，好ましい人間がいたのだった。

　その後も，ジャックは同じことを繰り返していたが，私には彼が違って見えてきたのである。私は怒っている時間が少なくなり，ジャックのアイデアの利点を考慮することができるようになった。古い競争的な感情が生じると，おまえは私をバカにすることはできないぞ，おまえは口のうまい奴だ，と自分が考えているのに気づいた。私はあなたがどういう人間であるかを知っているし，あなたがここにいてくれて本当に嬉しく思っている。非常に重要な二人の関係はすっきりした。スタッフ・ミーティングは私にとってはるかに面白くなり，

第1章：生産性の高いチームをつくる

> スタッフと私は，時間とエネルギーを技術的な問題やビジネスの問題を解決するために使えるようになったのである。

　チームの協働性実習は，我々の集団がオープンになればなるほど効果的になるが，たとえ我々がそれほどオープンでないときでも，それなりに（普通，同じ程度ではないが）機能する。チームの協働性体験を行う前に，まず我々が開放性の雰囲気の確立を望むのなら，自己概念の題材を探究できるワークショップの形から入るのが最も良い方法である。

　我々は，真実と選択という考えを探究することから始める。それから，仲間性，支配性，開放性の観点から行動における自分の好みを見る。これらの好みについて話し合い，自分たちがどのように感じているかを表現し，お互いをどのように認知しているか指摘をする。我々は，重要感，有能感，好感という対人関係における感情の観点から，自分の好みについて同じようにお互いの探究を続けていく。最後に，自分の自己概念とセルフエスティームと特定の状況で用いる傾向がある防衛について考える。率直なお互いのやりとりによって，徐々に集団に対する信頼感と親密さにあふれた雰囲気がつくられていく。他の人の前で自分自身をさらけ出したとしたら，体験するかもしれない困惑，搾取，非難に対する恐れは，人間の本質的な問題であり，それぞれが自分のユニークなやり方で対処していたことがわかって，援助的な雰囲気ができ，その中で変化するのである。人間としての我々のつながりが，恐れにとって代わるのである。

　チームの協働性実習を用いることは，同僚からの指摘を集め，匿名でそれを提示する伝統的な方法とは異なるのである。雰囲気をオープンにするための努力―主に，チームの一人ひとりが自己の気づきを高めるための努力―が行われた後に，正直で，直接的な，一対一の面と向かった，はるかに効果的で達成感のあるコミュニケーションが，間接的で，匿名の指摘にとって変わるだろうとチームの協働性実習は仮定している。チームの協働性実習は次のように行う。

チームの協働性指数を活用する

　ワークチーム（普通6〜12名）の全てのメンバーは，個室に円形（車座）で座る。実習を始めるために，次のステップを用いる。

①**仲間性**（業務運営の仕方）
　コンセンサスを用いて自分たちのチームの目標を確認し，チーム・メンバーの実際の業務運営の仕方を記述する。あなたと私を結ぶラインが相互依存を示すことを除いては，このパターンは組織図の線と似ている。

②**支配性**（中核性）
　コンセンサスを用いて，チーム・メンバーの各ペアの関係の中核性（すなわち，各ペアが一緒にうまく働くことがチームの効果性に対してどれくらい重要であるか）の評価を行う。あなたがマネジャーであり，私がアシスタント・マネジャーであるとしたら，我々の仕事の人間関係の質はチームの効果性に重要であり，したがって，中核性のスコアは高くなる。別の部門の3つ下の階層の技術者と一緒に働く私の能力はそれほど重要ではない。なぜなら，我々は異なるタイプの仕事をしており，一緒に働く機会もほとんどないので，我々の中核性は低くなる。

③**開放性**（協働性）
　コンセンサスを用いて，各ペアのメンバーの協働性――一緒にうまく働く能力―を評価する。この重要なステップは，まず我々のチームメンバーの輪の中に2つの椅子を置き，各ペアが代わる代わるその席について実施する。例えば，あなたと私が（我々が現在，自発的にやれるかぎり精一杯）オープンに，自分たちの人間関係について話し合う。次に，他のチーム・メンバーが，我々の普段の関係と，今の二人のやりとりをどう見たかという彼らの見方を話す。他のメンバーは，二人が，意識的，無意識的にかかわらず，本当にオープンで正直でないと感じる時は，それを指摘する。このようなコミュニケーションを行うという基礎ができ上がると，この実習

は，他の人を攻撃するための手段ではなく，協力して真実を求めるものとなるのである。

　我々二人の人間関係についてチーム全員と共に話し合う方が，自分たちのオフィスで，ドアを閉めて，二人だけで話すという典型的なアプローチを用いるよりはるかにたくさんの利点がある。すでに気づいていると思うが，あなたと私の間の問題は，いずれにしても必然的にチームメンバーのほぼ全員に影響を与えているのである。どんな秘密もメンバーの間に距離をつくってしまう有害なものなので，チームにおける秘密の数を減らすことはお互いの親近感をより高めるのである。他の人たちの人間関係の背景を知ることは，一般的に，過去には理解し難かった状況を理解できるようになり，我々がお互いにどうしたらもっとうまく行動できるかを理解することも助ける。このレベルでお互いの感情を交換することは，集団のメンバーの真の親密感を高める最も早い方法である。一般的には，親密感によって，お互いを心配したり，援助したり，協力したりするようになるのである。

　自分がなぜこのようなことをするのかというその基礎をなす理由に気づかないかぎり，行動のためのガイドラインや規則があったとしても，私の行動がそれによって影響されることはない。しかし，「チームワークを高める行動」のリストは，私が自己の気づきを高める助けとして活用できる。そして，単に自分の行動を変えるのではなく，自分の行動の原因となるものを扱うことができるのである。

■チームワークを高める行動

1. 私は,いつも自分の感情と考えについてオープンである。私は,自分に対しても,他の人に対しても秘密を持たない。
2. 私は,自分が感じたその瞬間に,関連していることについて何でも自分が感じたことを述べる。
3. 私は,自分自身―自分の動機は何であるか,そして,いつも自分が何を感じているのか―に気づいている。私は真実の最も深いレベルで気づいている。私は自分自身をだまさない。
4. 私は,全てのチーム・メンバーがチームの問題に対して最良の解決策を生み出そうとする同じ側に立っており,自分自身を防衛しようとしたり,他の人を非難しようとするつもりはないと思う。
5. 私は,一人ひとりがそれぞれの決定について完全に同意する―つまり,頭,心,感情の全てにおいて同意する―ことを確かめる。
6. 私は,他の人の考えや感情を聞く。私は,それぞれの観点に共感し,それを認め,それに対する自分の正直な反応を述べる。
7. 私は,それぞれの視点や感情を理解した後,チーム・メンバーの全ての考えや感情を統合する解決策を捜し始める。
8. 私は好みの雰囲気の違いに気づいており,私がどのように感じているかをタイムリーに,適時,言うことができると確信している。私は,自分の最も深いレベルの真実に絶えず接している。
9. 私は,我々が自分たちの使命,将来の希望する姿,目標に同意していると確信する。我々が課題に向かって進むうちに,使命,将来の希望する姿,目標がしばしば変わることを私は知っている。私は,我々が変化が必要だと同意すれば,私は自分たちの使命,将来の希望する姿,目標を変えることに躊躇しない。
10. 私は,特に意思決定をどのように行うかというミーティングに参加する。これらのミーティングにおいては,我々の個別の意思決定を行うのではなく,我々の意思決定のプロセスについて話し合うのである。

第 1 章：生産性の高いチームをつくる

振り返り　オープン・チームワークについて考える

　オープン・チームワークは，ヒューマン・エレメントの周期表（巻末参照のこと）の 48 のマス目を全て使用する。

1. 私の組織において，チーム・メンバーがお互いに完全にオープンで正直であることは現実であるか？　それは，望ましいことか？
2. そのようなチームのリーダーとして，私は快適な感じがするだろうか？　私は，オープン・チームワークについてどんな恐れを持つだろうか？
3. 開放性は，コミュニケーションの中でどんな役割を果たすか？　真実はどうか？
4. 信頼と真実の関係は何であるか？
5. 私の組織の中で，リーダーが一緒に働く人たちに対して完全にオープンであることの長所と短所は何であるか？
6. 自己の気づきは，成功するチームにどれくらい重要であるか？　それを達成する上での障害は何であるか？
7. 私の組織において，オープン・チームワークと生産性の関係はどうであるか？
8. 私は，自分の組織がオープン・チームワークを行えるように，どのように援助することができるか？
9. 私は，チームの協働性体験のセッションにおける自分の姿を想像することができるか？　もしできなければ，私の不安や懸念は何であるか？
10. 私は，次の文をどう思うか？「私がいつも勝利している見返り（報い）は，敗者と共に生きることになるということである」。

第2章

Optimal Individual Performace

個人の業績を最高にする
業績の向上と創造性を発揮する

あなたが常に一人ひとりの人間をより価値のある人間にすることを考えていないのなら，あなたにはチャンスはない。いったい他に選べる道はあるのだろうか？　むだにされる知性？　参画できない人々？　怒ったり，退屈する労働者？それらは全く意味がない。

ジャック・ウェルチ，CEO，ゼネラル・エレクトリック

　リーダーシップにおける二つの挑戦は，集団の中で健全な人間関係と効果的に個人の機能を発揮すること，そして，その両方のバランスを保つことである。アメリカと日本の組織における私の体験から，両国がこのチームと個人のバランスを見つけ，維持するために努力し，お互いに歩み寄っていることがわかる。とりわけ効率的な日本の企業と比較して，アメリカの企業は伝統的にチームワークに問題があったのだが，比較的ここ最近になってやっとチームワークに焦点をあて始めた。日本人は，効果的なチームワークを優先するあまり個人の自主性を軽視する傾向があることに気づきつつある。日本人がヒューマン・エレメント・アプローチを導入し人気がある理由は，このアプローチが，個人としての自分に焦点をあてたからだと思う。明らかに，個人も集団も最高の業績を達成するためには同じようにうまく働かなければならない。現代の組織においては，社員として，また，人間として，個々の社員が潜在能力を発揮できるようになるための感受性に富んだ思慮深い効果的な方法がいろいろと存在するのである。残念なことには，広く普及した別の方法を実践してはいるが，実際にはまだ

まだ人間の潜在能力を十分に発揮できていないのが現状であろう。

　第１章では，我々一人ひとりが，お互いの人間関係における感情に気づき，その感情を表現できるオープンな雰囲気をつくることによって，組織がいかに素晴しいチームワークを育てることができるかを探った。その結果，自分のエネルギーを，権力闘争，縄張り争い，隠された議題，あるいは，自分の業績を妨げる柔軟性のなさ（こだわり）を正直に認めないことから生じる無数の葛藤などに使うのではなく，問題を解決し，自分の仕事を行うことに使うことができることを学んだ。効果的にオープン・チームワークを使用するためには，自分のセルフエスティームを高め，組織が私を評価してくれていると感じることが必要である。オープンな雰囲気を形成する上で欠くことのできない私の感情，つまり，公平にしかも良く処遇されているという気持ちを確かに感じるためには，組織も個人の業績の問題の取り扱いには特別な注意を払わなければならない。個人と個人（とりわけ上司と部下）の人間関係を意識して改善すると生産性と業績が向上するということは，ヒューマン・エレメント・モデルの主要な考え方の一つである。

　この第２章では，特に，業績考課，仕事の満足感や適合性，個人の意思決定という観点から，上司と部下の関係をより詳しく見ていく。対人関係，仕事，業績の向上にかかわる上司と部下のダイナミックな関係は，最終的には生産性を高め，最低の基準を達成できることにつながるセルフエスティームを高めるために，組織が努力しなければならない基本となるものである。

　時には，組織における開放性の概念は，非常に非現実的で非実用的に見えることがある。確かに，正直な雰囲気が常に存在する組織はほとんどないことが，ヒューマン・エレメント・ワークショップやコンサルティングの経験からわかっているし，開放性の概念に対する反対意見の正当な理由も存在する。しかし，組織における多くの問題を解決する大きな可能性があるのに，なぜ完全な調査もせずに，開放性の可能性を捨ててしまうのだろうか？　ヒューマン・エレメント・モデルを，組織が努力すべき理想の姿

> として考えることができると思う。あなたと私がお互いにオープンで正直である時，このモデルは最も良く機能する。ヒューマン・エレメント・アプローチを初めて試す時には用心深くなるかもしれないが，経営陣が一貫して信頼に足る存在であるならば，真実の雰囲気は急速に発展する。そして，新しいやり方の効果だけでなく，人間関係の新しいかかわり方に対する興奮が主な反応となるのである。

1. 個人の業績考課を再考する

　莫大な時間とエネルギーを費やしているにもかかわらず，業績考課が現代の多くの組織の中であまりに不満足なものであるとは皮肉である。マネジャーや社員の多くが，業績考課はいらいらさせられるプロセスであり，葛藤をつくるだけで，業績考課の本来の目的を何も達成していないということに気づいている。調査と実験に基づいた業績考課の新しいアプローチはその状況を改善してきたのである。それにもかかわらず，大多数の組織にとってはまだまだ業績考課は完全には満足できないものである。経営陣と人事部門のリーダーは，評価の形式や標準を絶えず変更している。業績考課に対する一般的な不満の理由は，背後にある仮説と関係しているのである。つまり，一般的に業績考課とは，以下のことを行うことによって従業員の業績を改善しようとするものである。

- 優秀な業績に報いるための公正な基盤を提供する。
- 全社員が自分でやる気を出すわけではないので，彼らが積極的に行動するように監視するシステムの役割を果たす。
- 仕事の役割を定義する。
- 社員一人ひとりの成長を援助する。

　産業界や政府や軍の諸機関で行われる典型的な業績考課は，次のような手続きに従っている。監督者である「あなた」は，部下である「私」を評価す

る。その評価によって、私の昇給やボーナスや昇進が決まる。私はあなたが書いた評価を見て、それに対して反応することができる。我々は一緒に次回の考課までの間に私が達成する目標を選び、私の成果を評価する基準に合意する。そして、業績考課のシステム全体が、最高の評価を得られる数を制限したベルカーブの形にそって評価を行うことになっている。皆が素晴らしい業績を達成することはないし、できもしないという前提から、評価はそのカーブに沿って行われる。

　この考え方の悪い点は、業績考課が「私の業績は個人の問題である」と仮定していることである。その結果、私と上司のやりとりをできる限り少なくし、また、上司が私からの指摘を受け取る機会も最小限にしてしまう。そして、限られた報酬のために従業員同士の競争を煽り、そのために上司と私は敵対関係となり、お互いが防衛的になってしまう。特に、私は自分の仕事を失うかもしれないという危険を感じているので、指摘を聞き、反省することによって得られる価値を少なくしてしまう。指摘が稀で、しかも一方通行だという事実から、私はより防衛的になり、柔軟性がなくなってしまう。さらに、この業績考課の悪い点は、不安、抑制、恐れ、疑いを生み出し、そのために私と上司は敵対関係となり、私は自分の仕事を守るためだけに働くようになってしまうのである。私のマネジャーが「私の不十分さ」を非難するなら、私は次のことを言う準備ができている。「だいたい上司が私に明確な指示を与えなかったからだ。その仕事を行うのに十分な人を上司が与えてくれなかったからだ。十分な時間がなかったからだ。全く監督されていなかったからだ」等々。

　業績考課が有害なプロセスになるのも不思議ではない！　創造性を発揮し危険を冒すことはできなくなり、皆と違う考え方は危険とされてしまう。特に、一つの評価で全てのキャリアを決められてしまう官僚的な組織では自己防衛が支配している。

　業績考課が常にこのような否定的な結果をもたらすわけではないが、もし組織で、ある一つの原則が実行されたら、組織に対して非常に良い結果をもたらすだろう。つまり、業績考課における業績の改善と報酬の割当てという二つの機能を切り離して、それぞれに異なる手続きを用いるのである。この

アプローチは普通でないように見えるが，しかし，給与がいくらになるかという話と同時に，自分の業績についての指摘を聞くのがどれくらい難しいかを考えてみて欲しい。私が聞いているのは，金額がいくらになるかということだけである。その結果，私は防衛的になり，我々は私の業績についてもはや話をしない。我々は，私の昇給について言い争う。業績考課が，我々の考えや感情のオープンなやりとり，つまり，仕事や仕事状況を改善することを目的としたやりとりの機会を提供したらどうなるだろうか？　もし業績考課が異なった形で実行されれば，業績考課は論理と同時に感情の探究をも含むので，QCサークル（日本人によって活用され成功した）のような強力な考えを取り入れ，広げることができるのである。

2. ヒューマン・エレメント・アプローチ

　このセクションでは，業績考課に関するヒューマン・エレメントの仮説を一般的に使われている伝統的な仮説と比較する。この比較は少し極端に見えるかもしれないが，伝統的な業績考課とヒューマン・エレメント・アプローチの間にはそれほどの劇的な違いがある。

一般の仮説	ヒューマン・エレメントの仮説
私がやる気を出すのは，主に報酬の期待と罰の恐れからである。	私がやる気を出すのは，単に報酬や罰だけでなく，私の自己概念と仕事が一致するからである。
私は，報酬や罰なしでは自分の潜在能力を発揮するほどには働かない。	私は，自分自身を満足させるために自分の潜在能力いっぱいに働く。私が他の人に期待していることは，正直な指摘である。
組織は，確実に私が最高に働けるようになる手続きをつくらなければならない。	組織は，私が最高に働こうとするような状況をつくる。
私の業績は，自分がどれくらい有能であるかの反映である。	私の業績は，自分の有能感と同僚，とりわけ，監督者とのやりとりの反映である。

私の監督者であるあなたは，監督者としての役割を維持しなければならないし，反抗を寛大に扱ってはならない。	あなたは，部下である私からあなたについての正直な指摘を聞くことから利益を得る。
私と同僚との間の競争は，健全で，生産性を高める。	私が競争によって刺激され，やる気を起こす時のみ，競争は健全である。私が同僚を傷つけたり，非難したり，他の人の努力を妨害したりすることで競争しようとする時，競争は不健全である。

　どうしたらヒューマン・エレメント仮説を実行することができるだろうか？　あなた（私の上司）と私が最初にしなければならないことは，我々の間で起こっていることと，そのことに対してどう感じているのかというお互いの認知を比べることである。この話し合いによって，我々はお互いの関係を十分に探究することができる。

①上司として部下として，我々は状況を同じように見ているか？
　あなたと私は，我々の間で起こっていることを同じように見ているか？我々は個人個人，お互いに起こっていることについて同意しているか？　仕事の状況に対する認知が違っていると，我々は状況を同じく見ていないので，我々の関係に混乱が生じる。先に進む前に，その違いを解決しなければならない。

②我々の目標は同じであるか？
　あなたと私は，同じ目的を持っているか？　我々は個人個人，お互いのために同じ物を欲しているか？　個人の目標は，お互いが働く上で大きな役割を果たしているのである。我々が違った目標を目指して努力し，それを達成してしまうと，最後には，お互いの関係は非常に遠く離れていってしまう。我々が私の課題をそれぞれ違って見ているなら，速やかに我々の見方を一つに合わせた方が良い。さもないと，私にとっては成功であることが，あなた

の目の中では失敗のように見えるかもしれないからである。

③**我々は自分たちの状況にどれくらい満足しているか？**
　我々は，お互いに相手に対する行動の仕方や感じ方が好きであるか？　私は自分の行動が好きか？　私はあなたの行動が好きか？　我々が自分やお互いについて良く感じていなければ，我々の仕事は必然的に影響を受ける。我々の不満というものも，お互いの関係と生産性を改善するためにやらなければならないことを決めるための促進要因となる。

　ヒューマン・エレメントの仮説に基づいた業績考課のやり方を工夫するための手続きを以下に述べる。

①**我々は，部下である私と監督者であるあなたの間に正直な指摘のやりとりを行う。**
　我々は，同じ項目を対面交通で探究していく，すなわち，お互いに同じ問題に対して指摘を与える。このプロセスは恐れを取り除くものである。なぜなら，前回の評価の際，私が自分の業績に不満足だと感じていたことを最初に話せるからである。普通，私は自分の短所にかなり気づいている。恐れを取り除くことによって，私は自分の短所を認めることができる（ほとんどの場合，自分の短所を指摘してくれる人は必要ないのである）。私が自分の短所を認めなければ，あなたは私の短所を指摘することができる。私もあなたがどのように機能しているかという私の認知をあなたに話すので，このプロセスは，一般的に，非難のセッションではなく，我々がどのように一緒に働いているかの話し合いとなる。

②**我々は各自別々に，我々の関係の認知や目標，我々の関係の満足度のレベルを明らかにする。**
　それから，自分たちの関係の全般的な話し合いを行うための根拠としてお互いの反応を比較する。

③我々は，あなたと私が同じ側にいるとわかる。

　失敗を相手のせいにして非難したり，あなたが単に私が改善しなければならないと一方的に話して決めるやり方とは全く異なり，お互いの仕事の関係を改善する方法を探究するのである。伝統的な一方通行の評価では，うまくいかなかったことは何でも私の責任になり，そのために私は防衛的になるのである。

④あなたと私は，我々の関係の全ての面を探究する。

　ヒューマン・エレメント・モデルは，我々の対人関係と個人の全領域をカバーする。我々は，自分たちが問題を抱えている領域を正確に指摘し，我々の意見の違いを解決するために必要な時間を費やす。

仕事の人間関係の実習

　ヒューマン・エレメント・アプローチを業績考課に用いるためのツールが，『仕事の人間関係の実習（Work Relations Experience）』である。質問もあるが，これを使用することは，必ずしも必要でない。単に各領域について話すこともできる。しかし，探究するための設問を用いることは，この実習の手続きを単純化し，実習がより包括的になることがわかった。この手続きを厳しく守る必要はないが，手続きに従うことによって，関連した全局面がカバーされるのである。この実習に時間とエネルギーを大いに投資する必要がある。しかし，実際問題としては，多くの次元については問題がなく検討する時間はほとんどいらないが，関連するできごとが出てくると徹底的に検討していく。ヒューマン・エレメントの業績考課の話し合いを行うための平均時間は，1～2時間である。

　人間関係から生じるトラブルと比較すると，有能でないことから生じるトラブルは比較的まれである。体験的にいうと，仕事に関する個人的な問題や人間関係の面から生じた問題で人が解雇されたり，退職したりするケースが何と90パーセント近くあった。あなたと私は，問題が起こったらすぐにそれを認識し，問題点についてお互いに進んで話ができる能力を向上させる必

要がある。お互いに起こっていることについてどう感じているかを話すのに，形式的な半年ごとの話し合いを待つ必要はない。理想的には，話し合いの必要性を感じる時に，自分自身をオープンに表現し，一緒に働く上での障害となっているものを処理することによって，可能な限り生産的になることができるのである。

　この実習で探究する次元は，ヒューマン・エレメント・モデルの基礎である3つの行動の次元（仲間性，支配性，開放性）と，3つの感情の次元（重要感，有能感，好感）に対応している。我々はそれぞれ，個人でその項目に答えていく。個々の反応をもとにして，それぞれの次元の話し合いを行う。

▌仲間性

　我々の話し合いにおいては，ミーティングに参加する，メモを回すためのリストに名前が載っている，何が起こっているかを絶えず知らされている，といった仲間性に関する項目を扱う。時として，いろいろな活動によって影響を受ける人たちが，何も知らされていないということがある。その結果，人々の憤りがどんどん大きくなっていき，効率が悪くなってしまう。驚いたことに，監督者であるあなたが我々（あなたの部下たち）の活動にもっと参加したいという欲求を表わすことがある。

- 私は，どれくらいあなたを実際に私の仕事の活動に誘っているだろうか？　あなたは，どれくらい私があなたを誘っていると思っているか？　私はあなたをもっと誘いたいか？　私は，あなたが私をもっと誘いたいと思っていると感じるか？　あなたは，私にもっとあなたを誘って欲しいか？　あなたは，どれくらい私をあなたの活動に誘っているか？
- 我々はそれぞれ満足しているか，あるいは，我々のどちらかはもっと誘われたいとか，誘われたくないとか思っているか？　我々はそれぞれ相手を誘ったり，相手に誘われたりする頻度に満足しているか？　もっと頻度を多くしなければならないか，または，少なくしなければならないか？

▌支配性

支配性に関する話し合いでは，権力闘争，規律と服従の問題，リーダーシップにおける異なった哲学や考え方（権威主義的なアプローチと協調的なアプローチ），反抗するためのテクニックや命令に従わないためのテクニック（何かをすると約束しておいて「忘れてしまう」というような）を扱うことが多い。

- 私はあなたをどれくらい統制しているか？ あなたは，私があなたをどれくらい統制していると思っているか？ 我々は，あなたが私をどれくらい統制しているかということに同意するか？
- 我々は，自分たちの支配性の関係に二人とも満足しているか？ 我々はお互いをどれくらい統制したいか？ どれくらい相手が統制したいとか，統制されたいと思っていると考えているか？
- 私は，もっとあなたに統制されたい（つまり，もっと指示を与えてもらいたい）と思っているか？

▌開放性

我々二人がどれくらいオープンであるか，どれくらいオープンになることを望んでいるかという問題は，特に個人的な問題が仕事に影響を及ぼす時に，ビジネスに関することとプライベートに関することをどの程度分けるかという問題と同様に，率直に打ち明けて話し合うことができるのである。この話し合いの中でしばしば浮上してくる問題は，正直と信頼に関するものである。

- 私は，あなたにどれくらいオープンであるか？ あなたは，私にどれくらいオープンであるか？ 我々は，お互いにどれくらいオープンになりたいか？ 我々は，自分たちのオープンさに満足しているか？ 私は，あなたが私にどれくらいオープンでありたいと思っているか？ あなたは，私があなたにどれくらいオープンでありたいと思っているか？
- 私は，あなたが私に話すことは真実であると信じることができるか，それとも，あなたが私の感情を傷つけまいとしていると思うか？ 私は，

2. ヒューマン・エレメント・アプローチ

あなたが私に知って欲しいことだけ話しているとか，私がもっと一生懸命に働くように動機づけられているとあなたが信じることだけを私に話していると思うか？

▎重要感

次の質問は，監督者であるあなたと，部下である私の両方にあてはまる。

- あなたは私にとってどれくらい重要であるか？　私は，自分があなたにとってどれくらい重要であると思うか？　私はあなたの人生において何か意義を持っているか？　もし私が明日出社しなかったら，あなたは私がいないことに気づくだろうか？　あなたは私のことを気にかけるだろうか？　あるいは，簡単に誰かが私の役割を交代して，私は忘れられてしまうのだろうか？　私は，何を生み出すことができるかだけが重要であるこの会社組織というマシンの中の単に歯車の一つに過ぎないのか？あるいは，感情を持った人間として取り扱われているだろうか？　私は感情を持った人間として扱われたいと思うか？　あなたは私を感情を持った人間として扱いたいか？
- 我々は二人とも，お互いに感じている重要感の程度に満足しているか？　少なすぎたり，多すぎたりしてはいないか？　あなたは，本当に私のことを気にかけているか？

▎有能感

まず私が自分の過去の業績に関してどう感じているかを述べる機会を持つ。あなたが私に対して感じているより自分はもっと有能だと私が感じる時，我々の話し合いは，まるで伝統的な業績考課のようになる。あなたは私が良い仕事をしなかったと感じた実例を出し，私はそれはなぜかという理由を説明するだろう。私はどこであなたが良い仕事をしなかったと感じたかを自由に話し，その後，我々はお互いに改善する点を探究することができる。

この話し合いではお互いが同じことを行うので，防衛が少なくなることが多い。我々は，非難をするためではなく，解決すべきお互いの問題として状

況を見るのである。

- あなたは，私がどれくらい有能だと思うか？
- 私は，あなたがどれくらい有能であると感じているか？
- あなたは，私をもっと有能だと感じたいか，あるいは，私がある程度有能であることをむしろ好むか？

▍好　感
　この話し合いでは，あなたが私について好きでないことは何か，私があなたについて好きではないことは何かを発見することができ，そして，変えることもできるのである。私はあなたを悩ましている自分では全く気づいていない癖を持っているかもしれないし，あなたにも同じことがいえるかもしれない。多くの場合，その癖を治すのは非常に簡単である。

- どれくらい私はあなたを好きであるか？　どれくらいあなたは私を好きであるか？　私はあなたが私を好きだと思うか？　あなたは私があなたを好きだと思うか？　我々はお互いを好きになりたいか？　それは大切なことであるか？
- 我々はお互いが好きであることに満足しているか？　職場の中で個人的に好きであるという感情は大切だと思うか？　この種の個人的な感情は，職場の関係から除外されなければならないか？　あるいは，これらの感情は，友情のあふれた風土を生み出したり，仕事をもっと楽しい場所にしたりするだろうか？

▍生き生きしていること（アライブネス）
　私は仕事をしている時にエネルギーを感じなかったり，あなたが疲れ切っていると感じたり，あなたが自分の仕事に退屈していると感じることもある。お互いに口を閉ざしてしまうのではなく，各自が仕事にもっと生き生きした感じがもてるように自分自身をもっと活用するためには何をしたらよいかを話し合うのである。また，自分の生活の仕事以外の面でもっと生き生きして

2. ヒューマン・エレメント・アプローチ

いるという感じがするかどうか，もしそうなら，何が二つの環境で違うのかを自分自身に尋ねる。お互いの認知が異なるなら，その背景にあることを探っていく。あなたは私が自分の全てを仕事に投入していないと感じているだろう。

- 我々は，どれくらい自分自身を仕事に捧げたいか？
- 私は仕事中にどれくらい生き生きしていると感じるか？　あなたは仕事中にどれくらい生き生きしていると感じるか？　我々はそれぞれ，どれくらい生き生きしていると感じたいか？　あなたは私がどれくらい生き生きしていると感じているか？

▎自己決定（セルフディターミネイション）

私がイニシアティブを十分に発揮しておらず，自分が何をしたらよいかについて言われることを待っているとあなたは感じているかもしれない。私は自分の行動に十分に責任をとっていないし，私はいつも犠牲者のように行動しているとあなたは感じているかもしれない。あなたは，私があまりに独立しすぎており，他の人々に助けを求めなければならない時でも助けを求めようとしないとも思っているかもしれない。私が無理なく扱える以上の仕事を与えられてしまう状況からあなたが私を守ってくれていないと思い，あなたは上役に対して十分に立ち向かっていないと感じるかもしれない。

- 私はどれくらい自分の人生を決定していると思うか？　あなたは私がどれくらい自分の人生を決定していると思うか？
- あなたは自分の人生を統制しているその度合いにどれほど満足しているか？

▎自己の気づき（セルフアウェアネス）

自己の気づきの話し合いでは，最も隠れた問題の一つである自己偽まんを取り扱う。あなたと私の両方が共にその問題を探究しているのなら，我々はお互いを非難し，攻撃するのではなく，むしろ自己偽まんを減らすのを助け

ることができるのである。

- 私がどれくらい自分自身に気づいているとあなたが思っているかということと，私はどれくらい自分自身に気づいていると思うかを比較してみる（比較して相違する点があるなら，その違いは，あなたと私が自分を騙していることがあると感じていることを表している）。
- あなたは，自分に気づいているということにどれほど満足しているか？

▎自己重要感

　あなたが自分のことを重要だと感じていないと私が思ったら，私はこれをあなたの行動のせいだと受けとめるだろう（例えば，我々が二人ともあなたの仲間性には全く関係ないと認めている場合でも，あなたは誘われていないと絶えず主張するという行動をとることがある）。同様に，私が自分のことを重要だと思っていないとあなたが感じれば，このせいで私は自分を絶えず主張し，そして，その結果，私ができるかぎり多くのものを生み出そうとしているとあなたは思うかもしれない。あなたが上司として自分を重要だと思っていないと私が感じれば，あなたは私に何を欲しているのかを話そうとしない傾向があり，そのことが私を混乱させるのである。

- 私はどれくらい自分を重要だと感じているか？　あなたはどれくらい自分を重要だと感じているか？　私は，あなたがどれくらい重要だと感じていると思っているか？
- 我々は，お互いの重要感に満足しているか？

▎自己有能感

　私が自分の有能感について不安だと，特に自分のアイデアが独創的で創造的であればあるほど，あなたに自分の考えを話そうという気持ちになりにくいのである。あなたが私の考えを拒絶すれば，私は自分がバカに感じたり，恥をかかされたように感じる。また，低い自己有能感によって，私は不安になったり，自分が偽りのような存在としてまわりから見られるのではないか

2. ヒューマン・エレメント・アプローチ

と恐れる。逆に，私が思っている以上にあなたが自分を有能だと思っていれば，その問題についてあなたよりもよく知っている人たちからの意見も聞かずに自分だけで意思決定をしていると，私はあなたを見るかもしれない。

- 私は自分の仕事においてどれくらい有能であると思うか？ あなたは自分の仕事においてどれくらい有能であると思うか？
- 私は，あなたがどれくらいあなたの仕事において有能であると思うか？ あなたはどれくらい私が有能であると思うか？

自己好感

自己好感が足りないと，私は引っ込み思案になったり，怒りっぽくなったり，他の人を批判したり，批判と思われることには何でも敏感になったり，無謀な方法や危険な方法で行動するかもしれない。いずれにせよ，私が好かれる存在でないなら，皆が好きでないことを私がしたとしても，何が問題になるのか？ この態度でいるかぎり，私があなたのどんな反応にも影響されることはほとんどない。

- どれくらい私は自分が好きであるか？ どれくらいあなたは私が自分を好きだと思うか？
- どれくらいあなたは自分が好きであるか？

このプロセスは時間がかかるように見えるかもしれないが，長い目で見れば，多くの時間とエネルギーを節約することができる。このプロセスが，十分に，オープンに実施されれば，部下も監督者も，隠し事をしたり，騙したり，不平を言ったり，人を中傷したり，内部争いや縄張り争い，権力闘争といった，つまり，監督者と部下の人間関係における開放性と自己への気づきが発揮されていない組織によくありがちな，非生産的な活動に時間を費やす必要はなくなるのである。

第 2 章：個人の業績を最高にする

> 〈事例〉　中西部のある病院の部長であるスーザンとベスは親友だった。チーム協働性体験の実習において，二人は一緒にうまくやっていくことに同意した。二人が唯一後悔したことは，「大変な仕事量」を与えられており，十分に会えないことであった。
>
> 　他のグループ・メンバーは懐疑的で，スーザンとベスの関係が何か正常でないと感じていた。仕事の人間関係の実習を行ってみると，スーザンとベスには，無意識のうちに忘れようと共謀した10年前の出来事について解決していない憤りがあることがわかった。そして，それを蒸し返すことは二人にとって恐ろしいことだったのだが，そのことを話さないことが二人の関係を壊れやすくしていたことに気がついたのだった。その結果，スーザンとベスは，二人の関係を維持するためにずっと表面的なつきあいを続けてきたのである。したがって，仕事が忙しいことだけが二人がめったに会わない理由ではなかった。二人は，あまり頻繁に会わないように無意識のうちに合意していたのである。
>
> 　実習によって，二人はお互いに，相手が参加するミーティングをどのように避けていたか，そして，二人が一緒に意思決定を下すことをどうやって遅らせたかがわかってきた。結果的に，多くの場合，二人の部下たちの仕事は遅れ，長い間指示を待たなければならなかった。
>
> 　これらの自己洞察が二人にできてくると，他のメンバーの誰もが皆，二人が自分たちの問題点を無視することを意味した「専門家である」ことから生じた非能率に驚いた。典型的なことであるが，スーザンとベスがその問題を公に，問題を解決すると，二人はさらに良い友人となった。二人の仕事とまわりの人たちの仕事の効率は，格段に向上したのだった。

　この実習は，部門間，本社と支社間，あるいは，二つのグループの間に起こる問題点を解決するためにも使うことができる。例えば，支社のメンバーたちが一緒に集まり，コンセンサスを用いて，「私」の回答欄に答え，「あなた」の欄には本社に対して答える。本社の人々は，「私」の欄に自分たちについて回答を記入し，「あなた」の欄には支社について回答する。そして，本社と支社の合同ミーティングでは，あたかも本社と支社が二人の個人であるかのように二つのグループはお互いの反応を検討するのである。

2. ヒューマン・エレメント・アプローチ

　正直さと自己の気づきと相互の指摘を通して，人々の潜在能力を十分に発揮できるこのアプローチを説明するために，次の例は，伝統的な方法からヒューマン・エレメントのツール，特にチームの協働性体験と仕事における人間関係の実習に移行していくプロセスについて伝えている。このレポートは，中西部にある有名大学のコンピューター・サービス部門の部長の話である。

〈事例〉　仕事におけるヒューマン・エレメントに関する事例を述べよう。私は，エンパワーメントという言葉に飽き飽きしてしまっていた。エンパワーメントという言葉は，最近，本当に古臭く聞こえるのだが，しかし，業績考課にヒューマン・エレメント・アプローチを用いた我々の体験を反映するのに，それ以外の言葉があるかどうかは定かではない。
　我々のキャンパス・コンピューター・サービス組織（正社員約50名）は，2年前に，ヒューマン・エレメントのコンサルタントと契約した。我々は，参加に興味を示した全社員にヒューマン・エレメントのトレーニングを行った。
　社員のための集中トレーニングの後，さらにヒューマン・エレメントのコンサルタントとフォローアップのプログラムを行った。仕事の人間関係において強力なツールとなった我々の真実を大切にする姿勢は，今や組織文化の一部となり，お互いがどのように関わるのか，そして，自分たちの仕事をどのように行うかについての重要な部分として受け入れられている。しかし，我々50人全員が受け入れているわけではない。中には，組織が，問題点や対人関係，およびグループ・プロセスのアプローチに対してそれほどオープンにならないことを好む人たちもいるのである。
　ヒューマン・エレメント・トレーニングを受けた後の最初の業績考課の際に，3つの職場集団が業績考課をオープンに実施することを決めた。各グループはそれぞれ，評価のプロセスとその基準（技術的なスキル，仕事の質と量，仕事における対人関係）を定義した。どのグループも全てのメンバーに対して考課を行う日を決め，考課の際には，他のグループ・メンバー全員が招待された。あるケースでは，より大きい集団の他のメンバーも招待されたのであった。そのミーティングでは，職場メンバーたちが評価される人にその人の業績に対す

第2章：個人の業績を最高にする

る彼らの査定を与えた。そして，職場集団のメンバーが記録し，査定を書き，公式の業績考課として提出されたのである。

　最初の年は，様々な結果を生んだ。2つの職場集団は，メンバーに役立つ，強烈な良い指摘を与えた。3番目のグループは，あまりに指摘に神経質になりすぎて，スタッフの業績に関する難しい問題，つまり，人々がお互いにもっと言い合わねばならない問題を扱わないで済ませてしまった。

　我々は，ちょうど2回目の年次考課を終えたばかりである。今回は，7つの職場集団全てがオープンに行う業績考課を選んだ（各職場集団がそれぞれ，オープンに行う業績考課に参加するかどうかを選んだ。何人かのメンバーは，自分の監督者によって行われる業績考課にすることを決めた）。考課のプロセスに3時間以上もかかるので，このプロセスは組織での大きな約束ごととなった。それぞれの職場集団において，再びメンバーを評価する分野を決定した。ある職場は，組織でリーダーシップをとっている人（職場のメンバーでない人）に参加してもらい，考課のプロセスの促進役を頼んだ。他の職場では，自分たちでそのプロセスを管理した。評価される人たちの中には，指摘を貰いたかったので自分の職場以外の特定の人たちを招待する人もいた。

　評価される個人は，まず，指定された分野の一つである自分の業績の査定を発表することからセッションを始めた。その後，評価チームの各メンバーがその人の業績を査定する機会を持った。その人の直接の監督者を含む誰もが，セッション前に一人ひとりの業績について考えており，その際，職場の多くのメンバーも真剣な意見を与えていたことは明らかであった。

　2年目の年次考課のプロセスは，最初の年よりオープンであった。メンバーはお互いに，厳しい業績と対人関係の問題について自ら直面する準備ができていた。リーダーとメンバーたちは，個々の評価に関する意見が異なった。いくつかの例では，組織のリーダーは，常にポジティブに評価されるメンバーたちの査定を再び評価し直した。あるケースでは，マネジャーの業績に対する不当な査定について，職場の全員が組織の部長と副部長に訴えたのだった。この職場集団が，実は前の年には同じマネジャーに対して否定的な査定をしていたことを注目して見ることは興味深いことである。前年度の職場での査定を心に深く刻みこんでいたそのマネジャーは，次の一年間，自分の欠点に本気で取り組んでいたので，実際に彼の職場のメンバーは上司よりも彼の業績について多く

のことを知っていたのである。
　職場のメンバーは業績の特定の分野を検討し終えると，彼らが設定した次の「段階」に入り，投票を行った。「傑出した」「期待以上」「期待通り」「改善が必要」「容認できない」。これらの段階には割当て人数はなかった。メンバー（評価される人も含む）は，これらの段階に数字（1～5，また，あるグループでは，そのスケールにさらに細かく考慮できるように，1～10という数字にした）を割り振った。それから，メンバー全員が同時に，該当する数字を指で示すことによって投票し，グループの促進役がスコアを記録した。メンバー全員（評価される人も含む）がその業績に同意しなかったら，メンバーはその段階の話し合いを再開し，合意に達するまで続けた。いつものように，このような話し合いでは，評価される人の業績とは直接関係のない問題までもが浮上してきた。これらの問題のいくつかは解決された。他の問題については，グループは問題が存在することは認めたが，しばらくの間それらを棚上げすることにした。
　グループ・メンバーが全分野を検討すると，評価される人に対して総合的な業績評価を設定した。総合的な「段階」は，必ずしも全分野のスコアの平均という訳ではなかった。一つの例では，総合的な段階が全ての分野のスコアより高いことがあった。つまり，グループは，その人に対して改善する領域についてのメッセージを与えようとしており，同時に，その人の業績が概して期待した以上のものであったことも認めたかったのであった。
　それぞれのケースにおいて，直接の監督者は，業績考課の結果について形式的に書きとめた。記述された考課は職場集団の査定を反映していた。各「段階」に配分されたスコアは，前年度とちょうど同じであった（すなわち，評価は普通の評価より高くはなかった）。
　ヒューマン・エレメント・アプローチは一様に成功したわけではないが，少なくとも興奮させられるものであった。全てのメンバーは，ポジティブな指摘を喜んで受け取った。中には，自分が予想したよりもポジティブな指摘を受け取った人もいた。また，ほとんどのメンバーは自分たちが受けた批評を喜んで受け入れ，自分自身を査定した際に多く確認された自分の弱点を受容することができた。しかし，メンバーの中には，受け取った指摘が圧倒的にポジティブだったにもかかわらず，批判的な指摘として受け取った者もいた。別のメンバーは，同僚や監督者が適切とは言えない評価を自分の業績に査定したことに

第2章：個人の業績を最高にする

> 驚いた。2，3人の人たちは，同僚や監督者に自分の業績をあまりにポジティブに評価されて驚いた。
> 　全員にとっての主な利益は，エンパワーメントについて話し始めたことであった。職場集団は，オープンに行う業績考課を採用することを選んだ。メンバーは，業績考課の基準と分野を選んだ。一人ひとりが，参加するかどうかを選択した。皆が，一緒に働いている人たちやマネジャーに業績に関する情報を提供する平等の機会を持ったのである。

　それが何なのか？　この組織は，スタッフに業績に関する指摘を与えるのに多くの時間を費やした。それによって違いが生まれたのか？　それによって今後違いが生まれるのか？　スタッフから初年度に受け取った指摘のおかげで，前の年よりはるかに業績が向上したと判断されたマネジャーの話を思い出して欲しい。2年目の年次査定の結果，監督者は一人ひとりの業績や能力について新しい情報を持つことができたので，あるメンバーは，新しくてやりがいのある任務を与えらえた。改善しなければならないところがあるという情報を真剣に受け取った他の人は，それらの領域について自分からプロフェッショナルな成長の機会を求めている。お互いに一緒に働くことに問題があった人は，お互いが仕事をうまくやっていけるように，自分からイニシアティブを取ってお互いの人間関係を改善しようとしている。
　我々の組織は，その機能のために，新しい技術と大学という組織が発展するための戦略とニーズを基にして，絶えずその優先順位を変えなければならない。我々は安定した地面を歩いていないので，嫌がおうでも効果的に変化に対処しなければならない。真実と選択を大切にする姿勢と同様に，業績考課で我々が行ったことは，我々を急速な変化に適応できるようにした。2年前では，組織の小さな変化でさえ，仕事を行う我々の能力にとっては大きな障害となっていた。しかし今では，人々は何を期待されているのかわかっている。また，自分たちのマネジャーからの情報と指摘によって期待されていることがわかっているので，恐れが職場の環境につきまとう不可欠のものではなくなった。我々は次に行わなければならないことを認知し，それについ

2. ヒューマン・エレメント・アプローチ

て話し合い，そして，実際にそれに取りかかるのである。
　メンバーのほとんどが，ここは働くには特に良い場所であるとみなしている。大学の他の組織の人たちは我々を尊敬し，少し普通とは違ってはいるが，生産的で責任感も強いと見てくれている。コミュニケーションがオープンであり，お互いの期待は明確なので，我々の組織は絶えず生産的である。

第2章：個人の業績を最高にする

振り返り　仕事の人間関係を考える

1. 職場集団で指摘を与えるのではなく，部下をオフィスに呼び，ドアを閉め，問題点を話す利点と限界は何か？
2. 組織において，職場のメンバー2人の間の問題が残りのメンバーにもトラブルを起こさせてしまうようなことはあるだろうか？　仕事の人間関係の実習はどのように役立つだろうか？
3. 監督者から部下へという一方通行だけでなく，あらゆる方向からの指摘を得ることは，私の組織にとってどんな利点があると思うか？
4. 真実のレベルを使うことは，仕事の人間関係の実習プロセスの中で特にどのように役立つだろうか？
5. 匿名の指摘の長所と短所は何であるか？　私の体験では，匿名の指摘はどれくらい役に立つだろうか？
6. 私は，個人的にあらゆる方向から率直な指摘を得る方法がどれくらい快適であるか？　私は何を恐れているだろうか？
7. 私は次の文に同意するか，同意しないか？　「正直な指摘を与えることで，私は人を傷つける危険を冒している」。
8. チームが全体からの正直な指摘をもらうことを選ぶ時，人間の本質について何を基礎とした仮説があるのだろうか？
9. 仕事の人間関係の実習のプロセスが私の組織ではおそらく機能しないだろうと思う理由が何かあるか？
10. 今，私が仕事の人間関係の実習のプロセスを自分の組織で行うことを選んだと想像する。前の問に対する私の解答を見て，仕事における人間関係の体験プロセスに対する私の反対理由を克服するためには何をしなくてはならないかを書き出す。

適材適所に人を配置する

　ちょうど私の仕事の人間関係が仕事の人間関係の実習を通して改善できるのと同様に，私と仕事との関係—つまり，「適性」—も改善することができる。仕事が大きな喜びの源泉となる様々な理由はあるのだが，現実には，仕事が喜びの源泉とはなっていないことの方が多い。私と仕事の適性について，ヒューマン・エレメント・アプローチでは，私がより自分に合った職業を決める援助をすることによって私の仕事の業績を改善する。

　私の仕事が不適合である時は，その仕事をやりたいという私の欲求とエネルギーが失われてしまう。職場へ行くことに対して，私が逃げ出したいと切望するような苦痛を感じる。私は，生き生きしているという感覚と生命力や興奮にあふれたような感覚を全く感じられない。私と仕事の適性の問題を解決することは，私が生き生きしているという感覚と生命力や興奮にあふれた感覚を自分の中に感じることができるようになるまでの長い道のりであり，私の仕事の業績をより高いレベルにまですることに通じるのである。

　ある組織では，今だに「ろくでなし」という概念がある。つまり，特定の人たちのことを，根こそぎ解雇しなくてはならない単なるトラブルメーカーとか，無能力者とか，仮病を使う人間と考えている。しかし，人を解雇するということは短期的な解決策である。代わりの人を見つけ，訓練するために時間とエネルギーと資源を使い，しかもその人が前任者より優秀であるという保証は全くないのである。人を解雇することは望ましいやり方ではないし，経済的でもなければ，効率も良くない。しかし，訴訟を恐れたり，単に気づきが不足している採用担当者は，たびたび，非難を避けるために応募者の仕事上の行動を調べる系統だった調査を避け，その仕事に必要な対人関係の特徴を無視するのである。そこで，組織は典型的な仕事の適性問題を抱えることになるのである。

- 「職務資格が私には明確でない。私は，自分がしなければならないことがはっきりしていない」。
- 「私が最初に理解していた仕事の一部ではない条件が後から出て来た」。

- 「私は,自分がもっと多くの自由裁量を持つと思っていた」。
- 「私は,自分がもっと多くの指示を与えてもらえると思っていた」。
- 「私は,自分がもっとサポートを得られると思っていたし,もっと認められるとも思っていた」。
- 「私の任務は他の人の仕事の任務と重複しているので,誰が何をすることになっているのか明らかではない」。
- 「私は,自分の仕事に影響を与える意思決定に参加させてもらえない」。
- 「私はもっといろいろやりたいのだが,それが許されるのかどうか確かではない」。
- 「これが私にとってベストな仕事かどうかわからない。多分,私はもっと別のことをやる才能を持っているのではないだろうか」。
- 「私は今の仕事に退屈している。もはや,やりがいがない」。

明らかに,私の心がこのような懸念でいっぱいの時は,私は自分の全てを仕事に捧げてはいないのである。

仕事の適性に関するヒューマン・エレメント・アプローチは,私がそれぞれの仕事に関して対人関係と個人における行動(仲間性,支配性,開放性)と感情(重要感,有能感,好感)の次元においてどんな条件が必要かを明確にすると,私は自分自身と自分にふさわしい仕事とをマッチさせることができる。仕事の職務記述書と応募者のプロフィールをもっと正確にマッチさせることができるような基準に作り替えると,採用を助け,仕事の不満とたびたび組織を悩ます高い転職率が起こらないようにすることができるのである。例えば,人々を誘いたいという私の欲求が低ければ,いろいろな所を旅行しなければならないセールスマン(人々を誘うことに多量の時間と努力を必要とする仕事)は全く向かない。私が人から好かれたいなら,ハイウェイ・パトロールの警官になることは賢明ではない。

行動の特徴

私は,仲間性,支配性,開放性の次元を使って仕事の行動の特徴を定義することができる(次の描写の中の「私」は,その仕事で成功している人を意

2. ヒューマン・エレメント・アプローチ

味する)。私が次の(太明朝体で書かれた)文に同意するなら,私は自分の仕事において記述されている行動を行っていることを意味する。私が同意しなければ,ここで示唆したような別の分野で仕事をした方が楽しいかもしれないということを意味している(これらの例は,あくまで一つの例であり,絶対的なものではない)。

この仕事を最もうまくやるためには,私が人々を誘うことが望ましい。
　同意する：　外交セールスマン,資金調達担当
　同意しない：橋の通行料の集金人,銀行の金銭出納係

この仕事を最もうまくやるためには,私が人々を統制することが望ましい。
　同意する：　軍の将校,監督者
　同意しない：労働者,ウェイター

この仕事を最もうまくやるためには,私が人々に開放的であることが望ましい。
　同意する：　保育所の先生,聖職者
　同意しない：CIAのエージェント,プロのポーカー・プレイヤー

この仕事を最もうまくやるためには,人々が私を誘うことが望ましい。
　同意する：　苦情処理係,心理療法家(セラピスト)
　同意しない：木こり,農夫

この仕事を最もうまくやるためには,人々が私を統制することが望ましい。
　同意する：　秘書,軍の兵卒
　同意しない：芸術家,コンサルタント

この仕事を最もうまくやるためには,人々が私に開放的であることが望ましい。
　同意する：　母,ラビ(ユダヤ教の聖職者)
　同意しない：嘘発見器のオペレーター,プロのポーカー・プレイヤー

感情の特徴

重要感，有能感，好感の感情（私から他の人へ，そして，他の人から私への感情）は，仕事の必要条件を定義するためにも使うことができる。例えば，もし私が人に好かれたいと思うのなら，召喚令状を送る仕事に人生を費やすことは賢明でない。私が名声を望むなら，ゴーストライターであることは不満である。

この仕事を最もうまくやるためには，私が人々は重要だと感じることが望ましい。
同意する：　看護婦，裁判官
同意しない：銀行の審査係，効率化の専門家

この仕事を最もうまくやるためには，私が人々は有能だと感じることが望ましい。
同意する：　パラシュートジャンパー，キャビン・アテンダント
同意しない：仕事の監査係，運転テストの審査員

この仕事を最もうまくやるためには，私が人々を好きであることが望ましい。
同意する：　貧困の労働者や障害のある子供たちの教師
同意しない：税関の検査員，銀行のローンの審査員

この仕事を最もうまくやるためには，人々が私のことを重要だと感じることが望ましい。
同意する：　建物の検査員，知事
同意しない：管理人，工場の流れ作業の組み立て工

この仕事を最もうまくやるためには，人々が私のことを有能だと感じることが望ましい。
同意する：　コンピューター・プログラマー，メカニック
同意しない：メッセンジャー，熟練していない労働者

2. ヒューマン・エレメント・アプローチ

この仕事を最もうまくやるためには，人々が私のことを好きであることが望ましい。
同意する：　資金調達係，牧師
同意しない：集金係，用心棒

　仕事の適性は，確実に私の仕事の満足度を決定し，したがって，生産性に影響を及ぼす。私が自分自身と自分の業績について良い感じを持っている時，素晴しい仕事をやろうと動機づけられるのである。しかし，私は自分の仕事そのものについてどう感じているかということには気づいていないかもしれない。私は生活のために働かなければならなかったとか，実際に自分が持っている以上の価値はないとずっと思ってきたとか，実用的であることの喜びを犠牲にすることが正しいと感じるかもしれないし，選択の余地がないと感じるかもしれない。私が本当はどう感じているかを自分自身に知らせる時，私は仕事について意識的な選択を行うことができる。

　〈事例〉　ジョンは，ある政府機関でトレーニング・マネジャーとして働いていた。自分が良い仕事に就いていると彼は思っていたが，仕事について考える時，漠然とした不安も感じていた。
　ジョンは，自分の仕事の満足度を測定するためにデザインされたヒューマン・エレメントの質問紙に回答した。まず最初にジョンが学んだことは，彼が自分の仕事のどの部分を答えたらよいかわからなかったということであった。
　ジョンは，管理面の仕事についてのみ一つの質問紙に記入し，トレーニング面の仕事については，もう一つの質問紙に回答しようと決めた。その結果は，劇的であり，明確であった。彼は，今，自分の漠然とした不安が何であったのかがわかったのだった。トレーニングに関する仕事の彼の満足度スコアは非常に高かったにもかかわらず，管理の仕事に対する彼の満足度のスコアは惨めなほど低いものであった。
　ジョンはこの洞察が非常に大切なものだと思ったので，上司の所に行き，自分の仕事をもっとトレーニングの仕事にシフトしたいと頼んだ。上司は受け入れてくれ，ジョンは幸福だった。しかし，彼はさらにもう一歩先に進むことを決意した。彼はその仕事をやめ，専門のトレーニング・コンサルタントになっ

第 2 章：個人の業績を最高にする

たのだった。

振り返り　仕事の適性を考える

　仕事の適性と仕事の満足度は，自分と上司，自分と部下，自分と同僚，自分と顧客との人間関係を含むのである。完全な評価を行うために，人間関係を扱っている 24 のマス目を取り扱う。私の満足度は，仕事における他の人に対する私の行動と感情，そして，私に対するその人の行動と感情をもとにして，私がこの仕事で自分が感じたいと思っていることと本当に今現実に私が感じていることがどれぐらい一致しているかを示すのである。不満は，同僚との関係において起こるかもしれないし，あるいは，私が要求される行動と私が好む行動との間にある食い違いによって起こるかもしれない。

第2章：個人の業績を最高にする

私の仕事において

	対人関係：発信 自分(私)から他者(あなた)へ		対人関係：受信 他者(あなた)から自分(私)へ		個 人 自分(私)から自分(私)へ		他 者 他者(あなた)から他者(あなた)へ	
	現実	欲求	現実	欲求	現実	欲求	現実	欲求
仲間性	私は あなたを 誘う [11]	私は あなたを 誘いたい [12]	あなたは 私を 誘う [13]	私は あなたから 誘われたい [14]				
支配性	私は あなたを 統制する [21]	私は あなたを 統制したい [22]	あなたは 私を 統制する [23]	私は あなたから 統制されたい [24]				
開放性	私は あなたに オープンで ある [31]	私は あなたに オープンで ありたい [32]	あなたは 私に オープンで ある [33]	私に オープンで あってほしい [34]				
重要感	私は あなたを 重要だと 思う [41]	私は あなたを 重要だと 思いたい [42]	あなたは 私を 重要だと 思う [43]	私は あなたから 重要だと 思われたい [44]				
有能感	私は あなたを 有能だと 思う [51]	私は あなたを 有能だと 思いたい [52]	あなたは 私を 有能だと 思う [53]	私は あなたから 有能だと 思われたい [54]				
好感	私は あなたに 好感を 持っている [61]	私は あなたに 好感を 持ちたい [62]	あなたは 私に 好感を 持っている [63]	私は あなたから 好感を 持たれたい [64]				

振り返り：仕事の適性を考える

|11|, |12|　私は，他の人をあまりにたくさん誘わなければならないか，自分
　　　　　が望むレベルよりはるかに少ない人しか誘うことができないか，
　　　　　ちょうどよい人数の人を誘うことを要求されているか？
　　　　　　－4　　　－3　　　－2　　　－1　　　 0　　　＋1　　　＋2　　　＋3　　　＋4
　　　　　あまりに少ない　　　　　　　　ちょうど良い　　　　　　　あまりにたくさん

|21|, |22|　私は，他の人をあまりにたくさん統制することを要求されるか，
　　　　　自分が望むレベルよりはるかに少ない統制を要求されるか，ちょ
　　　　　うどよい統制を要求されているか？
　　　　　　－4　　　－3　　　－2　　　－1　　　 0　　　＋1　　　＋2　　　＋3　　　＋4
　　　　　あまりに少ない　　　　　　　　ちょうど良い　　　　　　　あまりにたくさん

|31|, |32|　私は，自分が望んでいるより人に対してオープンでありすぎるか，
　　　　　オープンでなさすぎるか，ちょうどよいか？
　　　　　　－4　　　－3　　　－2　　　－1　　　 0　　　＋1　　　＋2　　　＋3　　　＋4
　　　　　あまりにオープンでない　　ちょうど良い　　　あまりにオープンすぎる

|13|, |14|　私は，あまりにたくさん誘われすぎるか，誘われなさすぎるか，
　　　　　ちょうど　よいか？
　　　　　　－4　　　－3　　　－2　　　－1　　　 0　　　＋1　　　＋2　　　＋3　　　＋4
　　　　　あまりに少ない　　　　　　　　ちょうど良い　　　　　　　あまりにたくさん

|23|, |24|　私は，あまりにたくさん統制されすぎるか，統制されなさすぎる
　　　　　か，ちょうどよいか？
　　　　　　－4　　　－3　　　－2　　　－1　　　 0　　　＋1　　　＋2　　　＋3　　　＋4
　　　　　あまりに少ない　　　　　　　　ちょうど良い　　　　　　　あまりにたくさん

|33|, |34|　人は，私に対してあまりにオープンでありすぎるか，オープンで
　　　　　なさすぎるか，ちょうどよいか？
　　　　　　－4　　　－3　　　－2　　　－1　　　 0　　　＋1　　　＋2　　　＋3　　　＋4
　　　　　十分にオープンでない　　ちょうど良い　　　あまりにオープンすぎる

|43|, |44|　人は，私が重要だと感じて欲しいと思っているのと同じくらい私
　　　　　を重要だと感じているか？
　　　　　　－4　　　－3　　　－2　　　－1　　　 0　　　＋1　　　＋2　　　＋3　　　＋4
　　　　　それほど感じていない　　ちょうど良い　　　あまりに感じすぎている

第 2 章：個人の業績を最高にする

> 41, 42　私が重要だと思いたいのと同じくらい人が重要だと私は感じているか？
> 　　　　−4　　−3　　−2　　−1　　0　　+1　　+2　　+3　　+4
> 　　　それほど感じていない　　　　ちょうど良い　　　あまりに感じすぎている
>
> 53, 54　人は，私が有能だと感じて欲しいと思っているのと同じくらい私を有能だと感じているか？
> 　　　　−4　　−3　　−2　　−1　　0　　+1　　+2　　+3　　+4
> 　　　それほど感じていない　　　　ちょうど良い　　　あまりに感じすぎている
>
> 51, 52　私が有能だと思いたいのと同じくらい人が有能だと私は感じているか？
> 　　　　−4　　−3　　−2　　−1　　0　　+1　　+2　　+3　　+4
> 　　　それほど感じていない　　　　ちょうど良い　　　あまりに感じすぎている
>
> 63, 64　人は，私が好かれたいと思っているのと同じくらい私のことを好きであるか？
> 　　　　−4　　−3　　−2　　−1　　0　　+1　　+2　　+3　　+4
> 　　　それほど感じていない　　　　ちょうど良い　　　あまりに感じすぎている
>
> 61, 62　私は，自分が望むぐらいに人を好きであるか？
> 　　　　−4　　−3　　−2　　−1　　0　　+1　　+2　　+3　　+4
> 　　　それほど感じていない　　　　ちょうど良い　　　あまりに感じすぎている

　私は，これらの答えの中でどれが最も気にかかるものであるかがわかったか？　それを変えるために何かをしたいと思うか？　どの答えが，私の仕事に対する適性の障害を知らせているだろうか？

個人の意思決定を改善する

　個人の意思決定は，本章においてヒューマン・エレメントが個人の業績について目指している最後の要素である。業績考課がオープンで率直なやりとりをつくり，人と仕事が最高に適合することが保証されれば，次のステップは，心理的な障害（ブロック）を取り除くことによって創造的で論理的なアイデアを最大に活かすことである。技術的な専門知識は意思決定の中で重要な役割を果たすが，そのことはここでは考慮しない（チームの中で，誰がその課題ついての技術的な専門知識を持っているかを決定し，どこに技術的な専門知識のギャップが存在するかを確認し，それらのギャップを埋める方法を考えなければならないことは別のところで取り扱う）。ここでは，創造的で論理的な考えを生み出すことの障害を確認し，取り去るための実際的なステップについて焦点を当てる。

創造性

　問題を考え，解決する際に，創造性は（少くとも抽象的には）普遍的に賞賛され，組織の中で全般的に奨励されている。創造性に対する対人関係と組織の影響をいったんは横において，創造性を発揮する各段階について気づき，各段階で起こる心理的障害を知ることによって，私は自分の考えをさらに向上することができる。ヒューマン・エレメント・アプローチは，リーダーと個人個人がこれらの心理的障害を減らし取り除くために，自己の気づきを用いることを大いに助けるのである。

創造性発揮の過程における障害

〈段階1：体験〉

　創造的な解決策を発見する前に，私は体験を繰り返さなければならない。私は体験に対してオープンで，自分の環境を知覚し，感ずることができ，自分自身の感情にも気づいていなければならない。物理学者が物理学において最も創造的な発見を行い，バスケットボールのプレイヤーが新しい様々なシュートのやり方を発明することは偶然ではない。経験豊かな経歴と情報は，

より多くの新しい解決策の可能性を大きくする。体験に関連したブロック（障害）は，次のことが含まれる。

- **学習しないことに対する恐れ**：私が学ぶことができないとか，情報を覚えておくことができないと感じれば，新しい体験に対して不安を感じる。自分が学んだことをテストされると思えば，やめてしまうかもしれない。私の自己概念が，自分が知的でない（すなわち，有能でない）ということなら，自分がバカにされる所には決して行かない。皆から頭が素晴らしく良いと思われているなら，自分が他の人たちを遠避けてしまうのではないかと恐れて，私は学ばないかもしれない。結果として，私は自分の体験を制限してしまうのである。
- **秘密を破ることに対する恐れ**：私は，ある特定の領域は知られるべきではないと信じるように育てられてきた。すなわち，「行儀が悪い」「私の知ったことではない」「悪いところ」「病気持ち」「無礼」といったことである。私がこれらの評価を受け入れれば，立ち入り禁止区域に入ってしまったような不安になるので，より広い範囲の現象の調査をしなければならない。特に，私は自分の無意識や無意識の中にある創造的な可能性に対してオープンではない。自己検閲は，私の体験を知る自分の能力をひどく制限してしまう。

〈段階2：連想〉

　次の段階では，役立つ作品を創造するために2つ以上の体験を関連づけて考える能力を持たなければならない。多くの詩歌は，このような連想や比喩（カード・サンドバーグの「霧」の中で「霧がやってくる／子猫の足の上に」）からでき上がっている。連想に関連した障害は，次のことが含まれる。

- **自己の気づきに対する恐れ**：連想を認めることは，私が自分の行動とその行動の結果との関係を知るためにオープンになることを意味している。すなわち，私から自己欺瞞の余地をなくしていくことになる。例えば，誰かが私の命令に従わない時はいつでも私の腰が痛む理由が，連想に

よって明らかになるかもしれない。私が嘘や隠しごとによって起こる否定的な結果を認めたくなければ、いろいろなつながりの可能性を探究することはできない。自己の気づきに対する私の恐れは、自由に連想することを妨げることである。したがって、私はイメージを探ったり、薬やアルコールを使用したり、夜更かしをしたり、完全にリラックスしたり、盲目的に命令に従うというように、とにかく自分のガードを崩すようなことは一切避けるのである。

- **合理性を過大評価する**：私がとにかく合理的なことだけにこだわって統制しているとしたら、論理的でない筋の通らない考えやただの連想に基づく考えを拒絶しなければならない。私がすぐに論理的でない推理を捨ててしまうと、自分の直観や勘は発達しない。多くの非常に創造的な人々は、直観が発見に導いたと言っている。私が、今の体制下において、「風変わり」になったり、受け入れられないことの結果を恐れる時、自分の創造性を大いに減少させてしまう。

〈段階3：表現〉

　私が多様な体験や情報を関連づけて考えると、言葉を使って話したり、書いたり、身体を使って表現しなければならない。創造的な連想というものは、私が適切に人々に伝えなければ社会的な価値はほとんどないのである。時には、その表現自体が創造的産物であることがある（絵画、彫刻、ダンス、演技といった芸術の形をとる）。時には、その表現が科学的論文や革新的なマーケティング・プランのような創造的な成果を得るための伝達手段となることもある。表現に関連した障害は、次のことが含まれる。

- **困惑への恐れ**：私は自分の能力に自信がないと、自分のアイデアを人前にさらすことに難しさを感じる。例えば、作家である私の仕事を読者が批判したり、バカにした結果、私はそれほど頭が良くないとか、才能がない（つまり、無能である）と見られることを恐れ、作家としての障害（作家故に書けなくなる）に陥るかもしれない。結果として、私は自分のアイデアを人々に話さないようになる。したがって、私のアイデアは

指摘を受けることもないので，未発達のままである。
- **身体の抑制**：私は自分の身体を醜くて不格好だと思っているので，自分の身体を自分自身から遠ざけることを学んできた。自分のアイデアや自分が創造したものを，歌ったり，踊ったり，絵を描いたり，芝居をしたり，人前で話したりして表現する（すなわち，オープンになる）ことには全く気が進まない。私は，恥をかくこと，つまり，自分がバカにされることを恐れるのである。
- **主張に対する恐れ**：私が自分の感じていることを表現したら，人々は私を好きでなくなるかもしれない。私が表現しなければならなかったことは何であれ，必ずトラブルに巻き込まれるとしたら，何も言わない方がよい。私の両親が，私にこの考え方を教えたのかもしれない。私がこの考え方を受け入れると，たとえ自分にどんなアイデアがあろうとも表現することを止めてしまうので，私の創造性は制限されてしまうのである。

〈段階4：評価〉

この段階では，創造的な解決策の真価を評価しなければならない。創造的なものと異様なもの，生産的なものと平凡なものを見分ける。評価に関連した障害は，次のことが含まれる。

- **バカにされることに対する恐れ**：私は自分の作品や解決策などを高く評価しているのだが，他の人が全く良くないと思っていたら，自分がバカに見え，自分が行っていることを過小評価する傾向があり，結局，私は始めたことを最後までやり遂げないで終わってしまう。私は見せかけの謙遜をするか，あるいは，自分の創造性は全く価値がないと実際に自分に信じさせようとする。いずれにせよ，私は全てのエネルギーを自分の仕事の達成に注がないことになる。
- **無視されることと拒絶されることへの葛藤**：私が自分の解決策や作品をネガティブに評価すれば，人々は私の解決策や作品を無視するようになる（すなわち，私の解決策や作品は認められないので，私自身も認められない。その結果，私は重要ではないという感じがするようになる）。

2. ヒューマン・エレメント・アプローチ

私が自分の仕事を高く評価していないのに，なぜ他人が高く評価しなければならない理由があるのか？　一方，私がポジティブに自分の仕事を評価すれば，人々は私が自惚れていると思うかもしれない。そして，私を拒絶する（嫌いになる）かもしれない。このジレンマは，私が正確に自分の仕事を評価する能力を曇らせてしまう。結果として，私は見通しの暗いプロジェクトをだらだら続けていくか，潜在的に価値のあるプロジェクトを早計にもやめてしまうかのどちらかである。

〈段階5：忍耐〉

　オリジナルのアイデアや作品を創り出した後，私は完成するか，終わりの状態になるまで我慢しなければならない。作家の多くは，何回も自分の原稿を改訂する。芸術家は，絵や彫刻が「作品となる」まで，すなわち，正しいという感じが得られるまで何度も手直しをする。革新的な科学的な発見も，最初の前進の後，一般的にたくさんの細かな努力を必要とする。「改善」の概念は，いかなる過程や作品も絶えず改訂を行うことによって，果てしなく改善していかなければならないことを意味している。忍耐に関連した障害は，次のことが含まれる。

- **失敗に対する恐れ**：私が自分のアイデアを完成させてみると，自分が思っていたほど良くなかった（すなわち，私が有能でない）ことがわかったらどうなるだろう？　私のアイデアが科学的なものであれば，何かの要因を見落としたのかもしれない。私が一生懸命にやっているにもかかわらず，芸術的な作品や業績が少しも良くなっていかないということもあるかもしれない。あるいは，悪くなることさえもある。結果的に，本当に創造的な仕事という観点からすると，私は創造的な作品を開発していないのである。
- **報酬が欠けていること**：私の創造的な活動の多くは，私の創造性に対して与えられた賞賛によって動機づけられるのである。始めの創造的な衝動を作品を発達させることに変えるように要求する忍耐は，独特なオリジナルな衝動ほどすぐには賞賛されないのである。あるいは，私は自分

を「アイデア」人間とみなしており，細部を仕上げる人間ではないと自分をみなしているのかもしれない。この態度は，私が物事を最後までやり遂げることがあまり得意ではないという恐れから来るものであり，私の衝動はいずれにせよ水泡と帰すだろう。

振り返り　創造性について考える

　次の項目は，創造性の分野における私の強みと現在の限界を査定するために役立つ。

1. 創造性発揮の各段階において，どの障害が私にとって身近であるか？　私が取り去りたい障害はあるか？
2. 私は知識を欲しがるという障害を持っているか？　私は自分が情報を覚えていないということを恐れるか？　私は隠れた領域を探究することが嫌か？
3. 私は創造的な連想をする能力を開発してきたか？　私は自分の心を統制しないで，自由にあるがままにしておくことが嫌か？　なぜか？
4. 私は書くこと，話すこと，動くことをしないようにしているか？　私は冷やかしを恐れるか？　自分がバカになることを恐れるか？　私の恐れは何であるか？
5. 私は自分の創造的努力を判断する力を信頼できるか？
6. 私は，完成までそのままでいることに問題があるか？　私は失敗を恐れるか？　私は何かを完了した時，失望することを恐れるか？　なぜか？　私の恐れは何であるか？

▌論理的な考え方と問題解決

　もちろん，創造的な考え方は個人の効果的な意思決定のために必要な唯一の考え方ではない。合理的で，直線的で，論理的な考え方は，プランとアイデアを評価し，テストし，正当化する際に極めて重要である。この種の考え方は，それ自体が，感情や自己欺瞞，気づきに欠けていることからしばしば起こる心理的障害の対象となる（私は論理的な理由づけは感情とは関係がないと信じているが，それ自体が，通常，自己欺瞞的である）。本章のこれからのセクションでは，リーダーの役割にあてはまるように，問題解決の論理的なプロセス上の（低いセルフエスティームから生じる）障害を扱う。

〈事例〉　スタンフォード大学の二人の数学講師は，私が履修した社会科学者のための数学の夏期講座を教えていた。二人には，長い間争っている議論があった。パットは，どんな二つの数字の間にも必ず別の数字があり，ギャップがないと仮定する連続分布を用いてこの問題を解決するのがベストだと感じていた。一方，ボブは，いかなる独立した測定法においても整数が代表すると仮定して，不連続の分布を用いることが最も効果的に問題に対処できると確信していた。

　パットとボブは，二人とも素晴しい数学者であり，二人の好むやり方をそれぞれ用いてどんな問題も解決できたので，我々学生は困惑してしまった。我々は，やっと二人の好みがそれぞれのライフスタイルの表現であったことがわかり始めた。

　講義の後，パットは我々とソフトボールをして，我々と夕食を共にしたり，話し合うことに時間を割いていた。パットは，クラスの連中と「連続」していたのである。ボブは，講義が終わると直ぐに自宅に帰って行った。そして，講義の始まる翌朝に再び現れる。彼のライフスタイルは「不連続」であった。たとえ彼がキャンパスの近くに住んでいたとしても，仕事と家庭は別だった。

　明らかに，パットとボブの好みのどちらが優越かを証明する数学的方法はなかった。彼らの論理的な違いは，全く論理的でなかった。二人は，自分のライフスタイルの好みを無意識のうちに数学的に正当化しようとしていたのであった。論理的な文章がしばしば全く論理的でないことがあるが，実際には，感情の構成要素を持っているからである。

論理的な問題解決プロセスとそれを妨げるもの
〈段階1：予測〉

　リーダーである私は，問題を予測し，将来のプランをつくり，将来の出来事に効果的に対処できるようにスタッフと資源を準備しておく。この段階における障害は，先見性の欠如である。つまり，私は自分が長期計画をつくるのが得意ではないと思っているので，予測したり，計画を立てることに失敗する。私は将来の問題を予測することがうまくないので，無能さを示すことになるだろう。

〈段階2：認知〉

　私は問題が起こった時にその問題を認知し，明確にとらえ，他の人に伝えることができる。ここで起こるかもしれない障害は，否定である。つまり，私は，手遅れになるまで自分が問題を発見できないのではないかと恐れる。時には，私は問題が存在して欲しくないので，問題を見落とすこともある。私は，有能でないと感じるのを避けるために否定の防衛を使うのである。

〈段階3：情報収集〉

　問題が起こると，私はその問題を解決するために関連したできる限り全ての情報を集める。私は，決定を行う前にあらゆる方々から話を聞く。この時点で，私の論理的な考えを妨げるのは混乱である。つまり，私は自分があまりにたくさんの情報によって混乱してしまうことを恐れる。単純に一つの情報源だけであるなら，私はもっと安心できる。また，私は意思決定ができないように見られたくない。

〈段階4：不平〉

　不平に直面した時，私はその訴えが妥当なものかどうかを判断するためにその主張をチェックする。ここで，私の論理的な考えは脅威によって妨げられるかもしれない。法律，顧客関係，私の評判などがこの先問題にならないように，私は不平を言っている人に対応したい。私の有能感と好感は守らなければならない。

〈段階5：原因〉
　私は，原因を究明する上で，創造的で想像力があり，問題の背景にある理由に近づいていく。私は，多くの人が見落としている事柄を感じることができる。この時点で，私は自分が浅薄であるという恐れによって妨げられるかもしれない。つまり，私は，根本的な原因を検討する上で自分の見方があまりに表面的で浅い（すなわち，私は有能ではない）のではないかと恐れる。私は，当面の問題を解決できることだけに集中する方が快適である。

〈段階6：代替案〉
　私は，自分がよく知っている通常の方法以外に，問題を解決するいろいろ異なったアプローチも考えることができるくらい創造的である。どういう行動をとるかを決定する際に，最初に浮かんだものを単に選ぶのでなく，柔軟性のなさ（こだわり）を避けて，選択する前にあらゆる可能性を考慮するのである。ここで私を妨げるのは，安全に対する懸念である。つまり，よく知らないことを行う危険を冒すより，良く知っていることを行う方が安全である。たとえ私のやり方が既存の方法に比べて良くないとしても，少なくとも安全ではある。

〈段階7：影響〉
　私は，自分の行動が他の人に対してどんな影響を与えるかに気づく。私は，正確に人がどのように反応するかを予期することができる。ここで，弱点に対する恐れが，私の論理的な考えを妨げるかもしれない。つまり，私は自分が好きではない影響を与えることを見たくない。

〈段階8：組織〉
　私は，自分の行動の全ての関連性に気づくために，組織全体について十分に知らされている。ここで私を妨げる可能性があるものは，損失に対する恐れである。つまり，組織のいろいろな問題を扱うとしたら，私はもっと思慮深くなければならず，自分自身や人に対して十分に時間を取ることができなくなり，自分が持っているものを損失してしまうという恐れから，組織の他

の人の問題について学習することを避けるのである。

〈段階9：目標〉
　私は自分の組織単位の目標を知っている。私にはどの目標が他の目標より重要かというはっきりした考えがあり，スタッフに組織の目標や目的をしっかり伝えることができるので，組織が達成しようとしていることに一切の曖昧さもない。この段階の潜在的な障害は，否定に対する懸念である。つまり，私が会社の目標に納得していないと，その目標について知ろうとする努力を全く行わないで，後で知らなかったと申し立てをするのである（すなわち，私が知らないことは否定する）。今起こっていること全てを人々に知らせない方が，私にとっては都合が良い。

〈段階10：重圧〉
　私は，自分の組織単位が目標を達成しようとすることを妨げるような重圧によって簡単に動揺しない。私は自分の信念を貫く。しかし，ここでは，人々が賛成してくれないことに対する恐れが私を妨げるかもしれない。つまり，たとえ我々の目標に反するものであったとしても，人々の個人的な要求に応じなければ，私は自分の仕事を失ってしまうのではないか，あるいは，人々に嫌われるのではないかと恐れる。

〈段階11：合理性〉
　私の決定は合理的であり，筋の通らないおかしなものではない。ここでは，普通は当り前であることに対する恐れが私の論理的な考えを妨げるかもしれない。つまり，私は自分を目立たせたい。単に普通で当り前の存在（すなわち，重要でない）とか，言われたことだけをやる存在にはなりたくない。私が言われた通りにやっていたら，自分は劣った感じがするのである。

〈段階12：想像力〉
　私の決定は，過度に保守的で，安全で，想像力に乏しいということはない。この段階では，危険を冒すことに対する恐れが私の論理的な考えを妨げるの

である。つまり，私は変な危険を冒さず，後で後悔しないことがなによりだと思う。

〈段階13：決断力〉
　私は，ちょうど良いタイミングで，決断力をもって，明確に動く。しかし，自分がバカにされるという恐れによって妨げられるかもしれない。つまり，権威主義者が間違うとバカにされるので，私は権威主義者になることを恐れる。

〈段階14：評価〉
　私は，自分の解決策がうまくいっているかどうか，良い結果を生み出しているかどうかを確かめるためにフォローアップを行う。私はここで学んだ知識から利益を得ることができる。しかし，私は暴露されることに対する恐怖によって制約されるかもしれない。つまり，私は評価されることが嫌いである。私より能力がない他の人に自分が評価されると腹が立つ。人々は，私の不十分さを発見するかもしれない。

3. 創造性と論理的な考えにおける障害を除く

　私は，高校時代の幾何学のマクルヴェイン先生のことを決して忘れることができない。その頃，私は幾何学が得意で，難しい問題を「正しく」解く自分の能力を誇りにしていた。
　ある日，私は特別履修単位の問題を，もちろん「正しく」解いて，先生に提出した。
　「とてもよくできました」と先生は言った。「では，次に，別のやり方で解いてみてちょうだい」。
　「先生，どういうことですか？」私は，ほとんど絶叫した。「教科書には，このように解答すると書いてありました。だから私はそうしたのです。し

> かも，その通り正しくやったのです」。
> 　先生はそのことは認めたが，穏やかに別のやり方でやって見るように私に言った。私は家に帰り，何時間もの間，ぼんやりしていた。そして，もう一度その問題を見てみた。確かにその問題を解くやり方がもう1つあったのだった。実際には，他に3つのやり方があったのである。
> 　その瞬間まで，私は幾何学を解く際に創造的になれるという体験をしたことがなかった。私は，熱心に，そして，必死に「正しい」やり方を行おうとしていた。後に，私自身が教師となってみて，人々に創造的であることは良いことだと伝えることが，人々が自分でつくった限界を突破することを助ける最も有効な方法であることがわかったのだった。

　創造性と論理的な考えにおける我々の障害を取り去る鍵は，オープンで正直な雰囲気の組織で成長するセルフエスティームにある。防衛することより問題解決に集中し，全員が自分たちの感情を表現し，自分たちの恐れを認めても安全な時，組織そのものがこれらの障害を確認し，取り除くのを助ける社会を構成することになる。
　この領域に関するヒューマン・エレメントの方法は，業績考課の時に用いたものと似ている。私や同僚全員がより創造的で論理的になれるような雰囲気を作るためにデザインされている。以下はそのガイドラインである。

① 全員が創造性と論理的な考えにおける障害に関するこのセクションを読み，各自，自分が妨げられているところについて考える。

② 皆が何かしらの障害を持っているので，障害について話すことは安全であるという意識を確立する。我々が自分たちの障害を克服するために最も良い方法は，自分たちの障害をオープンに話し合い，探っていくことである。

③ 我々は，創造性と論理的な考えについて，そして，誰にでもある自分を

最大限に活かすことを妨げる障害点について話し合うことだけが目的のミーティングを開催する。このミーティングでは，批判や比喩を行うのではなく，各自がどのようにしたらもっと良く機能できるかということを考える。

④ 我々は１つずつ創造性の障害点を調べていき，お互いにそれぞれの障害点についてどのように思っているかを話し合う，思い出せる限りできるだけ細かく，個人の体験からいろいろな例を出しあう。誰かが非常に重要な障害点の体験を語る時には，我々も自分が同じ障害点を最初に体験した時のことや，最初にこの障害点について人から言われたことについて思い出すようにする。例えば，私は不器用（「おまえのダンスは子象のダンスのようだ！」），歌も歌えないと父に言われたとする。私は父を信じ，それ以来，私は，人が見ている時に歌ったり，踊ったりすることが大嫌いになってしまったのである。

⑤ 我々はお互いに，同じ問題についてどのように感じているか，そして，この件についてお互いをどう見ているかの指摘を与える。そして，グループの援助によって，自分たちが抑圧してきたものをオープンにできる状況を作り上げる。

⑥ なるべくグループの前で自分たちが最も恐れていることを示してみる機会をつくることによって，我々の障害を克服する創造的な方法を考える。各自が自分が恐れていたことをやり終えたら，どう感じたかをグループに話し，それぞれが指摘を受ける。

⑦ ５人位の小グループに分かれ，円をつくる。その中の一人が左隣にいる人の方を向いて「あなたは，もっと創造的になることから自分をどのように妨げていますか？」と尋ねる。左隣りにいた２番目の人がその問いに答える。そして，それに対して，最初の人は「ありがとう」と言う。次に，２番目の人が自分の左隣にいる人の方を向いて同じ質問をし，同じ手

順で続ける。この手続きを繰り返しながら8〜10分間続ける。終わったら、全員が目を閉じて、黙って3つの質問に答える。

「私が言ったことで最も意味があったことは何であったか？」「他の誰かが言ったことで最も意味があったことは何であったか？」「私は、思っていても言わなかったことはあったか？」

そして、目を開けて、これらの質問の答えとその他明らかになったことについて話し合う。

⑧ 今後制約されているという感情が起こる時はいつでも、それを感じている人が、職場集団のミーティングやどんな場所においてもその感情を表現することに我々は同意する。同僚は、過度に「援助の手をさしのべる」のではなく、その人を支持するのである。

⑨ 我々はもう一度、問題解決に関して、ステップ4から8までを全て繰り返して行う。（ステップ7の質問は、「あなたは、もっと論理的に考えることから自分をどのように妨げていますか？」となる）この実習の鍵は、少くとも8〜10分間、順に回りながら実習を続けることである。

第 2 章：個人の業績を最高にする

振り返り　個人の意思決定について考える

創造性

1.	私は，ある種のことは知らされたり話されたりすべきではないと思っているので，自分の気づきを制限している。 同意しない　　　0　1　2　3　4　5　6　7　8　9　　　同意する
2.	私は，自分の守りを弱めたり，自由に連想することを恐れる。 同意しない　　　0　1　2　3　4　5　6　7　8　9　　　同意する
3.	私が公に自分の考えや感情を表現する時，私は馬鹿にされることを恐れる。 同意しない　　　0　1　2　3　4　5　6　7　8　9　　　同意する
4.	私は，自分が他の人より優れていることで人から好かれないことを恐れる。 同意しない　　　0　1　2　3　4　5　6　7　8　9　　　同意する
5.	私が自分の能力を人々に言わなければ，自分は真価を認められないことを恐れる。 同意しない　　　0　1　2　3　4　5　6　7　8　9　　　同意する

他のコメント：

振り返り：個人の意思決定について考える

論理的な問題解決

6. 私は問題が存在することを否定するので，うまく計画が立てられない。
   同意しない　　0　1　2　3　4　5　6　7　8　9　　同意する
7. 私はあまりにたくさんの情報によって混乱するのを恐れて，十分な情報を集める忍耐がない。
   同意しない　　0　1　2　3　4　5　6　7　8　9　　同意する
8. 私は批判によってあまりに影響を受けるので，すぐ黙認してしまう。
   同意しない　　0　1　2　3　4　5　6　7　8　9　　同意する
9. 私は，自分が組織の目標に同意しなければ，組織の目標を無視する。
   同意しない　　0　1　2　3　4　5　6　7　8　9　　同意する
10. 私は，人から注目を得るためだけに，たとえそれがそれほど良くなくても何か違うことをすることがある。
    同意しない　　0　1　2　3　4　5　6　7　8　9　　同意する

他のコメント：

私が知っているこのような行動を行う人：

第3章

Concordance decision making

コンコーダンスによる意思決定
全員が支持するより良い意思決定の開発，活用

　ソ連からゼネラルモーターズに至る古い権威主義的な構造の崩壊は，誰も避けることができないグローバルな歴史の現象である。好むと好まざるとにかかわらず，生活のために働く誰もが個人と会社との新しい関係を創造しようとしており，雇用者としての自己と従業員としての自己が似てくるような新しい感覚を創造しようとしている。結果は，苦しみを伴いながらもそれなりの価値がありそうである。職場は，より健康的に，より健全に，より創造的になりながら，まさに自然のように混沌としている。

　ストラットフォード・シャーマン

　権威主義的な決定から関係者全員の人たちの貢献によって行われる意思決定へと変わっていくことが，組織変革の中核なのである。組織においても，チームにおいても，個人においても，皆，意思決定（あるいは，意思決定をしないこと）に多くの時間を費やし，他の人たちが決定したことに不平を言うことに多くの時間を費やしている。しかし，特定の意思決定は別として，一般的には，ほとんどのグループやチームでどのように意思決定をするかという話し合いをすることはない。意思決定の方法は，前もって定められた形式や，習慣，また，意思決定をどのように行うべきであるかという上司の考えに忠実に従うことによって，あるいは，意思決定のプロセスが明確であるという印象を与える行動を示すためなどによって採用されているのである。プロセスを意識しないで意思決定を下すことは，問題を解決する代わりに問題を引き起こすことになる。

　素晴しい決定を下した多くのマネジャーは，せっかく素晴しい決定を行っ

第3章：コンコーダンスによる意思決定

たにもかかわらず，その決定を実際に受け入れようとする部下が誰もいないと不平を言うことがよくある（例えば，会社組織の価値観をつくる際など）。CEO（最高経営執行責任者）が自分で十分考え抜いた末に，高潔な響きのある価値観を，誇りを持って提示するのだが，その価値観を気にかけるのはほんの一握りの人たちだけであり，価値観に従うのも少数である。マネジメント側は，なぜなのかということを理解するのに時間がかかるのである。CEOは，トップ・マネジメントの価値観を示したのであって，会社組織全体の価値観を示したのではないのである。

　また，多くの企業が参画マネジメントとエンパワーメントを目標として掲げているが，その中でほんの少しの社員だけがエンパワーされたと感じている。トップ・マネジメントは，パワー（すなわち，最終的な意思決定能力）を手放すことは本当は気が進まないのである。

　全員が自己決定を行うという約束なしに，組織はエンパワーされた環境をつくることはできない。なぜなら，誰も他の人を実際にエンパワーすることはできないからである。そして，皮肉なことに，リーダーがもっと参画的な方法を用いて生産性を上げると，これらのリーダーは「強いリーダー」モデルに合わず，決定力に欠けるように見えるので，上司からのリーダーシップに対する評価はしばしば低くなってしまうのである。

> 　私が意思決定のプロセスの中で感じるアンバランス，つまり，ほとんどの意思決定はほんの2，3人によって行われ，残りの大勢の人が行う意思決定はほんのわずかであることを考えて見ると，我々が自分の身体を使うやり方と全く同じであることがわかる。非常に多くの組織において，トップの少数の人たちが意思決定のほとんどを行っており，それと比較して，底辺の大きな人数を占める社員が最終的な決定を下すことはほとんどない。その結果，トップの人たちはバーンアウトし，底辺の人たちは関心と参加の機会を失ってしまう。一般的に，身体を使うやり方は，少ない努力で大きな骨を動かすことをせず，つまり，骨に付いている非常に効率的な小さい筋肉（社員）を使わずに長い距離を動かなければならず，同じ距離を動

> かすためにははるかに大きな努力が必要な外側にある非常に大きい筋肉（トップ・マネジメント）を優先して使う。ちょうど組織と同じように，身体の中で大きな筋肉が疲労し，痛くなってしまう（バーンアウトしてしまう）一方で，小さい筋肉が萎縮してしまい（士気が下がる），結局の所，多くは使われないままで終わってしまう。全ての筋肉が一つとなって，強さやスタミナ，そして，無理なくその強みを発揮できるようにするために全ての筋肉がそれぞれの快適な範囲内で使われ，また，調和して機能する法方が必要である。組織においても全く同じである。

1. ヒューマン・エレメント・アプローチ

　職場集団やチームが行う多くの課題は，やらなければならないことをいつ，どのようにやるかという意思決定を行うことである。組織がオープンで率直な雰囲気をつくりあげ，メンバーが協働する関係を達成し，オープン・チームワークを使うことを学べば，職場集団の生産性ははるかに向上することを前の章（とりわけ，第1章チームワーク）で述べてきた。これらの対人関係がうまく機能しているとしても，チームには意思決定の方法が必要である。意思決定はオープンなチームワークに依存するが，自動的に必ずしもオープンなチームワークから生じるものではない。この章では，ヒューマン・エレメントのアプローチの長所を全て用いた意思決定，つまり，コンコーダンス（心からの一致）を検討する。コンコーダンスが援助的な雰囲気の中で用いられるなら，意思決定の質は向上し，素晴らしい結果を生み出すのである。

　ほとんどの組織で広く用いられている一般的な意思決定は，権威主義的なアプローチ，すなわち，上司の一票で決定を行うものである。多くの会議，委員会や民主主義的な団体で好まれる方法は，多数決のルールである，つまり，過半数の投票を得て決定が行われるのである。過去数十年の間に普及してきた参画マネジメントは，全ての人を招き，一人の人や集団に考えや意見を提出（インプット）し，個人，あるいは，集団が意思決定を行うというものである。コンセンサスの方法は，通常，全員が最終決定の前に一致するこ

とを要求するのである。これら全ての方法はそれぞれ利点もあるが限界もあるので、ヒューマン・エレメントのコンセプトを生かしたコンコーダンスによる意思決定が開発されたのである。

　ヒューマン・エレメントの基本的な原則をグループの意思決定に適用するために、仲間性、支配性、開放性を用いてそのプロセスを考える。そうすることによって、チーム・メンバーがお互いに正直に話し合える力を大いに利用し、全てのメンバーの創造性と論理的な能力を最大限に発揮できる構造を提供することができるのである。この方法を、コンコーダンスによる意思決定と呼ぶ。我々が、コンセンサスという似ている言葉を用いる代わりにコンコーダンスという言葉を用いるのは、コンコーダンスがもっと明確に、正確にヒューマン・エレメントのコンセプトを表現し、コンセンサスを越えるものだからである。コンコーダンスは、「合意、一致、調和」と辞書の中では定義されている。コンコードは、「人々の間の一致、つまり、態度、感情、その他全てにおける一致」として定義され、もともと、心（heart）を意味するラテン語のcorsに由来している。意思決定チームの全てのメンバーが、ただ知識のレベルだけでなく、自分たちの態度や気持ち、心においても一致する時、コンコーダンスは成立する。

　より正確にいうと、仲間性、支配性、開放性における特定の基準を満たすことによって、コンコーダンスとなるのである。次のセクションで、コンコーダンスの基準について述べる。

コンコーダンス（心からの一致）による意思決定 仲間性、支配性、開放性の基準

　仲間性の基準は、意思決定チームが、意思決定の内容を最もよく知っている人たちとその意思決定に最も影響を受ける人たちで構成されていることである。意思決定の内容を最もよく知っている人たちを含むことは、意思決定の質の高さを保証し、その意思決定に最も影響を受ける人たちを含むことは、その意思決定を皆が受け入れることを保証する、すなわち、意思決定が即座に葛藤なしに実行に移されることを保証するのである。

1. ヒューマン・エレメント・アプローチ

　次のレポートは，意思決定チームにその決定によって影響を受ける人たちを参加させなかったことによって起こった結果について報告している。

> 〈事例〉　キャタピラーの会長ドナルド・ファイテスは，昨春，永久的に交代要員を雇い入れるという脅威を与えて，ストライキやロックアウトしていた労働者を無理やり工場に戻らせた。これは，自分がやり手だということを証明したかもしれないが，決して賢明には見えなかった。現在，彼の戦略は会社を傷つけているのである。労働者が工場に戻った後，組合のリーダーが労働者に要求されたことだけしか絶対にやらないようにしようと訴えたことは明らかに影響があった。8月6日のメモによると，イリノイ州オーロラの組み立てプラントのプラント・マネジャーのチャック・エルウィンは，7月に次のように報告していた。「生産性の観点からすると，今までで最悪の月だった……このプラントの歴史上，最低の業績……全社の歴史上，どのプラントと比較しても最悪の月だったと思う……プラントにおける組合の戦略が要因であったかどうかはあなたの判断による。労働組合のリーダーが生産を遅くする計画を公にした後，我々が過去において最悪の月を体験したことをあなたはどう思うだろうか？」また，欠陥の平均数が，ストのロックアウト前には1台のトラクターにつき3つであったのが，7つに増え，顧客の不満も大幅に増大し，ただでさえ厳しいマーケットシェアを減らしていることにエルウィンは気がついていた。「間違いない。現在，我々は自分たちのビジネスを傷つけている」と，彼は報告していた。

　コンコーダンスの基礎となる1つの仮説は，全体としての集団は一個人やサブグループよりも資源を持っているということであり，したがって，集団全体で意思決定を行うことは創造的で効果的な意思決定を行うことになる。チームは，ある種の決定を行う異なるサブグループを指定するかもしれない。例えば，重役会は会計士と財務担当マネジャーに毎月の財務報告を任せることを決定する。この2人は，財務報告を作ることで重役会によってエンパワーされるのである。

> 〈事例〉　あるコンピューター会社は，スーパーコンピューターを収納するためにカリフォルニアに新しいビルを計画していた。ワシントンの本社が，そのビ

第3章：コンコーダンスによる意思決定

> ルの内部のデザイン設計図を送ってきた。すると，騒ぎが起こったのである。ワシントンの本社の設計図は，実際に働く人たちに不快で能率が悪いと感じさせるスペースで働くことを強制していたのだった。多くの憎しみと怒りが生じた。本社は，新しいビルで働く人たちの意見を無視し，そのスペースを最も効果的に使うにはどうしたらよいかを知っている人たちの意見も無視したのである。コンコーダンスに基づいた解決策は，ワシントンの本社は予算を提供し，将来そこで働く人たちに設計図を作らせることである。彼らの創造性と経験が活かされ，そのデザインはすぐさま皆に受け入れられることだろう。

しかし，仲間性は，全員が必ず決定に参加しなければならないということを意味している訳ではない。私がチーム・メンバーとしての資格を与えられていながら，その意思決定のプロセスに参加したくないと思っていたら，チームは私に，グループが意思決定した全ての決定を実行することに同意してくれと頼むのである。私が同意すれば，チームは先に進む。チームはコンコーダンスを保持し，私はいつでもグループに復帰することを選ぶことができる。例えば，ある製造プラントの技術者は，彼女のプラントでコンコーダンスを使うことに反対した。「私は生活費を稼ぐために働いているのです。私は，あなたに何をしなければならないかを言って貰いたいのです。そうしたら，私はそれをしっかりやります。私は意思決定を下す責任など持ちたくないのです。家で，自分の家族に対してもう十分やっていますから」。その後，グループ・メンバーは，彼女が自分たちが意思決定を行った決定に従っていく気持ちがあるかどうかを彼女に尋ねた。彼女は全く反対しなかった。「私は，初めから言われる通りにやってきました。今さら何で変わる必要があるのですか？」時間が経つにつれ，彼女はグループの活動を知りたがるようになり，徐々に参加し始めたのである。つまり，彼女はコンコーダンス・チームの一員となることができたのである。

コンコーダンスにおける支配性の基準は，意思決定チームの一人ひとりが平等に統制のパワーを持ち，同時に拒否権を持つということである。他のほとんどの意思決定方法では，私の意見が他のメンバーによって却下されてしまうことがあるが，コンコーダンスにおいては，私の意見や感情を却下する

1. ヒューマン・エレメント・アプローチ

ことはできない。私や他の誰かが「NO」と言うこともできるし，決定を止めることもできる。時には，このチームで一番地位が高く，最も経験豊かな私が，ある一連の行動が無鉄砲であると感じる時は，単に「NO」と述べることによって止めることができる。監督者である私がコンコーダンスの方法を自分の意思決定として用いることを決意しても，（私がチームの同意なしでは意思決定を下せないことを除いて）決してパワーを失うことにはならないのである。私を含めた全員が「YES」というまでは意思決定は成立しないので，グループが私が好まない意思決定を私に強制することはできない。コンコーダンスの方法は，他の人たちを私の権威のレベルまで昇らせる。しかし，私の権威が損なわれることは一切ないのである。

コンコーダンスの方法と他のほとんどの方法（参画マネジメントを含む）との重要な違いは，チーム全体が最終決定を下すということである。他のメンバーと同様に，私は，グループが私の同意なしでは決定を下すことができないという統制のパワーを持っている。最終の意思決定の前に，全員がその決定に同意しなければならない。そして，チームの決定は，そのチームの最も地位の高いメンバーの決定になるのである。もしチームがさらに高いレベルの地位のコンコーダンスによる意思決定を望むなら，そのチームは，コンコーダンスのプロセスにさらに高いレベルの地位の人間を含めなければならない。

ほとんどのコンコーダンス・グループが最初に行う意思決定の一つは，どの意思決定をどのような形で決定するかである。我々全員があらゆる意思決定に貢献しなければならないとしたら，あまりにたくさんの時間を個人個人の仕事から取り上げてしまうことになる。一般的には，どの人たちがどの意思決定を行うのがベストかを決定し，その人たちを代理に任命して決定してもらう。ある決定は，コンコーダンスを用いて行うのがベストである。別の決定では，チームが一人の人にアドバイスを与え，そのグループによってエンパワーされた人が決定する。政策を実行するといった種類の意思決定は，一人の人によって行われる方が最適であろう。課題を配分するための最適なやり方を生み出すには経験が必要である。異なる状況に合うよう意思決定の方法を変えることは，最も良い解決策を導くことになる。しかし，誰がどの

第3章：コンコーダンスによる意思決定

意思決定を行うかということを含め，集団が最終意思決定者であることは変わらない。コンコーダンスを用いて，一人の人を特定の決定を下すための代表者とすることに同意することもできる。私は，いずれの，あるいは，全ての決定に対していつでも支配性を放棄することも選べる。私は，自分が与えられた領域において知識がないと判断するかもしれないし，単に気にかけないかもしれないし，自分の支配性を他の人に譲り渡すかもしれない。コンコーダンスの中では，参加は権利であって義務ではない。

> 　私がバークレーでリーダーとなって行っていたリサーチ・プロジェクトに，コンコーダンスの意思決定の方法を導入した。そのプロジェクトの15人のメンバーはコンコーダンスの方法を使用することに同意したが，次の週になると，彼らは不平を言った。「意思決定のためにあなたに一日中邪魔されて，いったいどうやって自分たちの仕事をやればいいのか？」
> 　そのグループは，3人の統計学者に統計に関する全ての問題の最終決定を任せることに決定した。そして，これらの決定がグループ全体の決定となることを決めた。グループは，私がこのプロジェクトの全体像を最も良くわかっているので，私は誰がどの課題をすればよいかを決める決定を行うことも決めた。
> 　翌週，ヘレンが不平を言った。「ウィル，あなたはアルバートに人口統計学の仕事を与えたでしょう。あれから，彼はあの仕事をどうやったらいいかを私に尋ねてばかりいるのよ。あの仕事を私に与えるべきだったのよ。」彼女は正しかった。そして，グループ全体で，どのタイプの意思決定を行うには誰が最もふさわしい人間か，もしくは，どの人たちがふさわしいのかを決定していった。グループが最もふさわしいと感じれば，どんな方法も使えた。その方法がうまくいかなかったら，それを変えることもできた。

コンコーダンスにおける開放性の基準は，まさにこれがコンセンサスと大きく異なる点であるが，全員が完全にオープンで正直になることが必要となる。我々は，関連する考えや感情を全てオープンに表わす。私は，問題につ

いて自分が考えていることや，どのように感じているかを他の人に喜んで話す。私は，その問題に対する自分の本当の感情や他のチームメンバーに感じている感情，そして，各メンバーと自分の関係に気づいている。正直さの追求と自己の気づきの果てしない探求によって，自己の知識を増やし，私（あるいは，他の誰でも）が自己欺瞞していることを発見するために他メンバーを活用する方法を生み出すのである。「Yes」メソッドは次に述べる通りであるが，我々が自分の全ての感情を表しているかを確めるために使えるテクニックである。故意に正直でないことは，たとえ婉曲的な表現を使ったとしても，それは単に嘘をついたことになる。「誤解」「真実を隠す」「率直とはいえない」「必要に応じて」「小さな悪意のない嘘をつく」「あなたの幸福のために」など。

　開放性とは，包み込まないことである。関連している何かを言わないということは，故意に嘘をついているのと同じくらい開放性の原則を破っているのである。まさに「黙っているという嘘」である。

　コンコーダンスは，通常，直接お互いの理解と協力を生み出す。意思決定が行われる前に，私が自分の感情にオープンであり，組織の他のメンバーの感情に配慮すれば，一般的に協力が生まれるのである。葛藤は，嘘，隠しごと，開放性が欠けていることから生じるのである。開放性は，協力したいという欲求を生み出すのである。最近の本で明るみに出た，開放性のない意思決定の結果起こった悲劇の例が次の通りである。

〈事例〉　すぐ近くにいたにもかかわらず，貨物船が，沈みかけていた『タイタニック号』の救助に失敗した理由の一つは，傲慢で用心深すぎるキャプテンに対する航海士の過剰な恐れであった。『カリフォルニア号』の二等航海士のハーバート・ストーンは，[タイタニック号からの]ロケットが救難信号だとわかった。16才の時に傲慢な父から逃げ出したストーンは，尊大で冷淡な［キャプテン］ロードを恐れたあまり，船長室に降りていって，直ぐにアクションを起こさないといけないと訴えることができなかったのである。1912年4月14日から15日の夜に，数マイル離れた所で，1500人以上の男性，女性，子供たちは溺れていったのである。

第3章：コンコーダンスによる意思決定

■「Yes（はい）」メソッド

> 決定の最終段階で，「誰か反対する人はいますか？」とリーダーが聞き，誰も反対の反応を示さなかったからといって，その決定が必ずしもコンコーダンスを行ったことにはならない。我々がオープンな雰囲気をまだ確立していない時に，私が反対の意見を持っていると表現することは快適ではないからである。皆が，最も正直に，オープンに意思決定に参画し，できるだけ真のコンコーダンスを生み出そうとするテクニックが，「Yes（はい）」メソッドである。
>
> 問題についての話し合いを行い，我々が皆の態度を理解した後で，結論を文章にして書き出し，一人ひとりに賛成なら「Yes（はい）」，反対なら「NO（いいえ）」と言ってもらう。たとえNOという人がいても，そのまま続けて全員一回りする。この規則では，誰かがYES以外の言葉を言ったら，その人はNOを意味しているのである。私がグループに反対することに気が進まなければ，直接的にははっきり言わない。その代わりに，「ええ」「もちろん」「OK」「どうぞ」「うん」やこれらに似た表現を言うことによって，まだ十分納得していないことを暗黙のうちに表現している。躊躇するYESでさえ，NOを意味する。私が本当はどう感じたかを発言するように促されることによって，真実のコンコーダンスに導いていく。
>
> 全員がYESという言葉を言わなかったら，全員がYESと言うまで話し合いを続けるか，あるいは，意思決定を延期すると決めるまで話し合いを続ける。これは，妥協や平均化に頼ることを意味しているのではない。その解決策が皆を満足させるように，問題の新しい公式をつくることを意味しているのである。一つの役に立つステップは，反対者に「あなたが満足するためには何が必要ですか？」と尋ねることである。創造性はこの時点で現われることが多い。

表3.1は，コンコーダンスを他の意思決定方法と比較したものである。我々はチームとして仲間性と支配性の基準は満たしているが，オープンでない場合，多くのコンセンサス・グループのようになる。つまり，ふさわしい

表3.1. コンコーダンス（心からの一致）と他の意思決定の方法

	仲間性の基準は必要でない	仲間性の基準は必要である
支配性の基準も 開放性の基準も 必要でない	権威主義的	えせ民主主義
支配性の基準は 必要でないが， 開放性の基準は 必要である	個人的なロビー活動	参画マネジメント
支配性の基準は 必要だが， 開放性の基準は 必要ではない	えせ―「ニューエイジ」	コンセンサス（合意）
支配性の基準も 開放性の基準も 必要である	父権的温情主義	コンコーダンス （心からの一致）

 人たちが意思決定を行い，パワーは平等であり，全員が拒否権を持っているのであるが，私は自分の仕事を失うという恐れや，嫌われたくないという気持ちから，また，グループをやめるような人間にはなりたくないという気持ちから，発言することに気が進まないのである。また，QCサークルや自主管理チームは，課題を行うことだけに焦点をあてており，開放性を必要としないグループの例である。
 チームとして仲間性と開放性の基準は満たしているが，支配性の基準は満たしていない時，それは成功した参画マネジメントである。全員が参加し，オープンに自分の感情を表すかもしれないが，一人ないしサブグループがその決定を下す。このパターンは，チーム・メンバーの発言を奨励するが，最終的な意思決定は自分で下す権威主義的マネジャーや慈悲深い独裁者にも当てはまる。多数決グループは，この形態の別の例である。私が少数派であれば，等しいパワーを持つかもしれないが，拒否権のパワーを持たないので，

第3章:コンコーダンスによる意思決定

私の意見は無視されるのである。

　グループとして支配性と開放性の基準は満たしているが,仲間性の基準を満たしていないとしたら,父権的温情主義である(すなわち,他の人のために意思決定を行う)。コンセンサスによったとしても部下のボーナスを決定するマネジャーのグループは,仲間性の基準を満たしてはいない。なぜなら,意思決定の影響を受ける人たちが最終的な意思決定のプロセスに参加していないからである。

振り返り　グループの意思決定について考える

1. 権威主義的な意思決定における私の体験は何であるか？
2. 私は，参画マネジメントについてどう思うか？　参画マネジメントは，私にとってうまく機能してきたか？
3. 私は自分が上司であり，命令を与えることについて何が好きか？　何が嫌か？
4. 私は，真のコンコーダンスの状況を快適に感じるだろうか？　コンコーダンスのどういうところが好きか？　どういうところが嫌いか？
5. 私のチームがコンコーダンスを用いるようになったら，私はパワーを奪われたように感じるだろうか？　私はそのことにどう対処するだろうか？

第3章：コンコーダンスによる意思決定

　意思決定を考える時には，「私」がチームの権威者（リーダー）となり，「あなた」は他のチーム・メンバー（リーダーも含む）となる。6つのマス目は，コンコーダンスの基準を表す。

	対人関係：発信 自分(私)から他者(あなた)へ		対人関係：受信 他者(あなた)から自分(私)へ		個　人 自分(私)から自分(私)へ		他　者 他者(あなた)から他者(あなた)へ	
	現実	欲求	現実	欲求	現実	欲求	現実	欲求
仲間性	私は あなたを 誘う [11]		あなたは 私を 誘う [13]					
支配性	私は あなたを 統制する [21]		あなたは 私を 統制する [23]					
開放性	私は あなたに オープンで ある [31]		あなたは 私に オープンで ある [33]					
重要感								
有能感								
好感								

振り返り：グループの意思決定について考える

11, 13	仲間性の基準は，決定内容を最も良く知っている人たちと，その決定によって最も影響を受ける人たちが参加していることである。また，どのチーム・メンバーが意思決定に参加する（含まれる，誘われる）かを決める際のリーダーの役割を示している（リーダーがメンバーを誘う）。13は，参加のための規定を示している（メンバーがメンバーを誘う）。
21, 23	支配性の基準は，参加したメンバー全員が平等に支配性を持っていることである。21（リーダーがメンバーを統制する）と23（メンバーがメンバーを統制する）は，誰が最終的な決定を下すかを決める手続きを示している。
31, 33	開放性の基準は，意思決定チームの全てのメンバーが完全にオープンであることである。31（リーダーがメンバーにオープンである）と33（メンバーがメンバーにオープンである）は，どれくらい一人ひとりの意見と感情が表現されたかを決める手続きを示している。

第３章：コンコーダンスによる意思決定

コンコーダンスの特徴

　別の異なった意思決定方法からの移行を容易にするために扱われなければならないコンコーダンスに関するポイントがいくつかある。

感情の承認
　コンコーダンスによる決定の本質的な特徴は，あなたの感情も私の感情も認められるということである。私が多数派に反対し，多数派の人が私の立場や私がいかにその問題について強く感じているかを全く理解してないと感じれば，私は多数派の意見に従うことには気が進まない。しかし，私が自分の意見を発言し，意見の根拠を説明し，そのことが私にとってどれだけ重要であるかということを皆に話した後で，なおかつ，あなたが別の方向を選びたいと思っているなら，私はあなたの立場やあなたがそのことについていかに強く感じているかをもっと考慮することができる。我々は，合意に達するまで話し合いを続ける。例えば，私が合併に反対している少数派の一人であると仮定する。コンコーダンスの意思決定方法においては，少数派メンバーは合併についての自分たちの感情を表わす。多数派メンバーは，少数派メンバーの感情を認め，多数派メンバーの感情も表わして，少数派メンバーも多数派メンバーの感情を認める。メンバー一人ひとりがどのように投票したか，その背後にある理由は何か，そして，各メンバーがいかに強く感じているかをどちらのサイドも気づくのである。全員の感情が聞かれ，理解された後でも，多数派が合併を支持するなら，会社のための意思決定として私は合併に同意するかもしれない。あるいは，2, 3人が強くその合併に反対しているので，決定を延期することが賢明だと多数派メンバーは感じるかもしれない。結果がどうであれ，コンコーダンスによって感情と考えが考慮されるのである。

柔軟性
　グループは，コンコーダンスによる決定の中でどんな意思決定の方法でも使うことができる。全員が権威主義的な構造をつくることに同意したら，そ

1. ヒューマン・エレメント・アプローチ

れはコンコーダンスである。特定の問題を解決するためにコンコーダンスを使い，別の意思決定は特定のメンバーに任せると決めたら，それもコンコーダンスである。コンコーダンスによって決定したものは何でもコンコーダンスである。コンコーダンスを用いて，コンコーダンスモデルを使うことをやめるという選択もできるのである。コンコーダンスは，理想の目標達成のプロセスを単純化する。各意思決定は，その決定を行うのに最もふさわしい能力資格がある人たちとその決定によって最も影響を受ける人たちによってなされ，組織は機能するのである。

▍サイズ

　小規模な組織でならコンコーダンスを実現できると思うかもしれない。「我々が意思決定を行いたい時にいつも，何百，何千という社員を集めることはできない」と，大会社の人たちは言うかもしれない。それはもちろん真実であるが，コンコーダンス・グループのメンバーはこのことにすでに気づいており，この状況を扱うための実際的な手続きを生み出している。

　最も一般的なテクニックは，組織をいくつかの層に分割することである。一番下の階層の人たち（グループ全体）は，自分たちの代表者を選び，次に高いレベルに送る。そして，そのレベルのグループは，また次に高いレベルに自分たちの代表者を選んで送り，その手続きを繰り返す。その結果，コンコーダンスの意思決定はトップレベルから下に降りていくのである。いつでも，グループ全体として，変化する状況やニーズに適合するシステムに変えることができる。コンコーダンスの重要な仮説の一つは，全体として一緒にうまく働くグループ・メンバーの集団は，どんな個人よりもはるかに多くの資源を活用でき，より創造的で効果的な決定を行える立場にあるというものである。

▍スピード

　コンコーダンスは，権威主義的アプローチのような意見の一致をそれほど要求しない方法と比較すると，一般的に最初は長い時間がかかる。しかし，チームがコンコーダンスのテクニックの使用に慣れてくると，話し合いはよ

第3章：コンコーダンスによる意思決定

り簡単でより効率的になる。例えば，オープンな雰囲気の中では次のような質問を直接行うこともできる。「誰か反対する人はいますか？」今，メンバーは自由に反対意見を言えることを確信しているのである。

時には，コンコーダンスの決定に長い時間がかかることもあるが，実施段階で障害を取り扱うのではなく，話し合いの段階で障害を取り扱うので，意思決定はどれも，より速やかに実施されるのである。決定を実施する人たちが意思決定のプロセスに参加しているので，決定を実行することにやる気を感じているからである。

> 〈事例〉 ボルチモアの倉庫のマネジャーであるドンは，次のようなコメントを報告してくれた。
> 「私の最初のコンコーダンスに対する見方は，コンコーダンスはほとんどの意思決定に適していると思ったが，全員がどんな解決策にも同意しないと確信するような非常に異論にある問題については，ふさわしくないと思っていた。このような状況でコンコーダンスをいやがる人たちに対して何ができるだろうか？ しかし，だんだん明確になってきたことは，そのような状況にこそ，コンコーダンスがふさわしいということである。今，私は，タフで，葛藤のある問題について，事実，認知，意見，感情の違いを直接扱うためにコンコーダンスを使っている。以前は，全ての問題が実施段階で起こり，発見するのが難しいサボタージュの形で起こっていた。今では，問題はグループの真ん中で話され，聞かれ，内省化され，価値あるものとなった。全ての問題がその解決策に統合されるまで，決定は実施されない。そこで，これらのつまずかせるような障害は，本当にお互いが意思決定を実施する上での踏台となったのである。問題の確認からうまくいった解決策の実施までにかかった全体としての時間と努力は大いに減少した。私の意見では，葛藤のある問題に対して権威主義的な意思決定による解決策のほとんどは，決して完全には実施されないと思う。」

▍エンパワーメント

コンコーダンスは，それぞれの人間の創造性とスキルの全てを最大に発揮できる仕組みを育てる。コンコーダンスによって，組織は，従業員が自分のアイデアを表現するように勧められ，勇気づけられる雰囲気を作り上げるこ

とができる。従業員が参加でき，組織において影響を与えられるようになればなるほど，彼らが素晴しくやる気を持つようになることが証明されている。私が参加することができたとしても，私の提案が繰り返し繰り返し却下されたら，しばらくすると，私は参加しようという意欲を失ってしまう。コンコーダンスでは，私は皆と等しく最終決定を下すことに参加できる。私を無視することはできないのである。

創造性

人々の幅広い参加を通して様々な潜在的な解決策を生みだせるので，コンコーダンスの意思決定は，例外なく創造的である。そしてグループ・メンバーはお互いのアイデアを聞き，創り上げていくので，新しい決定を行うために刺激となるのである。

〈事例〉　アイオワ州のある病院は，「景気の後退」によって打撃を受け，入院患者が300人から200人に減ってしまった。その結果，病院は，6月1日までに100人の従業員を減らさなければならない状況に陥った。

　コンサルタントは，人員削減という劇的な手段をとる前に，このような大勢の人たちに関わる問題には最も創造性が要求されるということを経営者側に理解させた。経営者側が，100人を解雇すると発表する代わりに，全員が大幅な予算カットの下で活動しなければならないと発表すれば，はるかに創造性を発揮する余地が残るだろう。

　経営者側は，コンコーダンスのプロセスに従業員を参加させた。各部長は予算を分割し，各部門のメンバーは自分たちの部門の予算をどのように配分するかを決定した。創造的なアイディアが直ちに出てきた。ある部門では，2人で1つの仕事をシェアして，もっと多くの時間を家で過ごしたいと希望した。他の数人の人たちは，早期定年退職を希望した。ある人たちは，ハーフタイムのコンサルタントを長い間希望していた。検査室では，もっと安くて新しい納入業者を見つけ，給与のための予算を確保した。7人の人たちは退職し，外部のコンサルタントになり，彼らのサービスを低いコストで病院に提供した。これらのアイデアが試された後に6月1日がやってきたのだったが，解雇される人は

第3章：コンコーダンスによる意思決定

> 一人もいなかった。コンコーダンスのプロセスは，従業員の創造性と責任感を誘発したのだった。

▌勝ち―勝ち（ウイン―ウイン）の解決策

　コンコーダンスにおける話し合いは，全員が勝つことを目指している。コンコーダンスの話し合いでは，一人ひとりが指摘を得る。ポジティブとかネガティブという観点で見るのではなく，指摘を贈り物として理解することが最適である。私がもっと自分のことを知るための他の人からの私に対する指摘によって，私はグループの他の人をもっと身近に感じられるようになるのである。この感覚を持つと，たとえ私の提案した解決策が採用されなかったとしても，私は勝利することになる。私が指摘にどう反応するかを決定するのは自分次第である。私は傷つくことも，怒ることも，意気揚々となることも，感謝することもできるし，疑わしい気持ちになることも，きまりが悪い気持ちになることも，私が選択したどんな気持ちにでもなれるのである。
　我々がグループとして決定することができなければ，我々は決定しない。この決定しないという決定は，しばしば正しい決定であることが後でわかるのである。つまり，我々は十分な情報を持っていなかったり，皆の懸念を満足させることができるまで十分な時間を費やすことができなかったのである。

> 〈事例〉　採用決定にコンコーダンスを用いる事例を紹介しよう。
> 　ペンシルベニア州の大きな製紙会社が新しい労使関係担当マネジャーを雇おうとした時，経営者側は，大きな不安と好奇心をもってコンコーダンスを用いて選択することに同意した。通常は，その空いているポジションの2段階上のマネジャーが採用を行うのであった。
> 　「だいたい何人ぐらいの候補者がいますか？　そして，労使関係担当マネジャーと重要な仕事の関係があるということで，その選択に参加したい人たちは何人ぐらいいますか？」私は，最もよく知っている人たちと最も影響を受ける人たちが意思決定を行うべきであるという仲間性の基準を満たすために尋ねた。また，私がそのグループのサイズに対処できるかどうかも確めたかったの

1. ヒューマン・エレメント・アプローチ

である。

「10人程の候補者と10人程の同僚が参加するでしょう」と，部長は言った。「結構です」と，私は言った。「20人なら，ちょうど良い人数です」。

私が3週間後にペンシルベニアにあるその会社に出向き，ミーティングルームのドアを開けてみると，候補者40人を含む60人の人たちがいた。そのグループの多くが，宣伝されたこのプロセスが本当なのか懐疑的であった。過去に，彼らは意思決定のパワーについていろいろな約束を与えられてきたが，最終の意思決定は，常に組織の上層部が行ってきたからである。

我々は，この懐疑心について検討することから始めた。部長（参加者の中で最高の地位にある人）と工場長は，このグループが最終的な決定を下すということを全員に保証した。懐疑的だった人たちは，しばらく様子を見ることに同意した。

次に，グループをもっと小さくし，扱いやすい大きさに分けることを私は提案した。すなわち，私がもっとうまくグループに対処できるようにするためである。グループ・メンバーは，私の言うことに耳をかさなかった。彼らは皆，このプロセスを一緒に体験したかったのである。

私は不安になり始めた。すると，誰かが立ち上がり，「私は候補者ではないが，とにかくこのプロセスに参加したい。そういう役割として受け入れてもらえますか？」と言った。他の人たちも同様の立場であると言った。

これは，まさに我々のコンコーダンスの最初の機会であった。数人の人たちは，これらのオブザーバーがこの問題に十分な関心を持つなら，他の皆と同じようにグループに残り，熱心に参加することを認められるべきだと発言した。

次に，私はグループ・メンバーに，コンコーダンスの意思決定を行う準備ができているかどうかを尋ねた。グループ・メンバーは準備できていると答えたので，その部屋にいた全員に対して，オブザーバーを正式のメンバーとして認めるなら「YES（はい）」と言い，認めないなら「NO（いいえ）」と順番に答えるように頼んだ。私は，この質問をフリップ・チャートに書いた。

全員が，躊躇なしに，「YES」と答えた。成功！　興奮と誇りがこみ上げてきた。

誰かが，各候補者に立ち上がってもらい，なぜ自分がこの仕事に最もふさわしいかをグループに話してもらいたいと提案した。皆がそれに同意した。約40

人の候補者は，立ち上がって，自分の資質となぜその仕事をしたいのかという理由を話した。この後，約半数の候補者が自分から辞退したのだった。なぜなら，他の人たちの話を聞いてみると，自分がその仕事に最もふさわしい訳ではないことがわかったからである。そして，これら辞退した人たち全員が，今後もこのグループに参加したいと頼んだ。最初のコンコーダンスの意思決定と反対の声が全くないことを考慮して，グループはこれらの要請を認めた。

次に，誰かが非公式の世論調査をやってみようと示唆した。参加者一人ひとりが残った20人の候補者に自分の投票の理由を与えるという条件に全員が合意し，行うことで一致した。非公式の世論調査が行われた。

投票されなかった候補者（誤解されている感じがした一人を除いて）が辞退し，候補者は9人となった。そして，人々は自分が投票した理由を話し始めた。そのうちに，この主題にはあまり関係がないような様々なトピック，すなわち，労働者対経営者，若い人たち対古い人たち，技術的なスキルと知識対ビジョン，そして，いくつかの明らかに未解決の過去の出来事などについての長い話し合いが続けて起こった。参加者にとって，これはまさにそれらのトピックについて自分たちの感情を表現する最初の機会であった。たとえこれらの話し合いが議題の妨げであるように見えたとしても，これらはお互いの誤解を取り除く重要な働きをするのである。最初のコンコーダンスのミーティングがしばしば長い時間を必要とする理由の一つがこのためである。

残っている9人の候補者だけでグループの中央でミーティングを行い，3人にしぼるという提案を誰かが示唆した。候補者たちは同意し，それぞれが誰が選ばれるべきかという自分の意見を交換し，また，なぜ他の人たちを選ばないのかを発表し合った。最初の非公式の世論調査の際に候補者に与えられた指摘とともに，この指摘は，このセッションを全ての候補者にとって価値あるものにした。たとえ候補者が選ばれなかったとしても，彼らは自分に関する多くの情報から恩恵や利益を得たのであった。

候補者は5人に減った。残りのグループ・メンバーは，辞退した候補者の一人が好きだったので，その候補者を復帰させた。

夕食の時間になったのだが，部屋のエネルギーは大変高く，誰も夕食の休憩を取りたがらなかった。我々はピザの出前を頼んだ。全員はいろいろなグループにわかれて食事をしながら，サブグループで多くの話し合いを行った。全員

1. ヒューマン・エレメント・アプローチ

のエネルギーが高い理由の一つは，経営者側が約束したことが本当に行われているという実感によるものだった。最初に懐疑的だった一人が，今回のミーティングは過去のミーティングとは本当に違うと話した。

夕食後，一人の人が言った。「なぜ2人の人間でその仕事をすることができないのか？ なぜ2人を選択しないのか？」。

たくさんの反対が巻き起こった。「今まで，その仕事を2人でやったことがない」。

「でも，我々は前にこの意思決定のプロセスも使用したことがなかった」。

部長が，もしグループが最終決定としてその仕事を2人で行うことを選ぶなら，自分の職権の範囲内でそのようにすると言った。

「ハーマンとトゥリローはどうか？」とあるメンバーが言った。「トゥリローは労使関係担当のアシスタント・マネジャーで，よくその仕事を知っているし，我々はハーマンのビジョンと創造性には全く感動している」。

即座に，他の誰かがコンコーダンスによる解決策が見つかった時によく聞こえる言葉を述べた。「もちろん」。

2人で行うという提案は，他の全ての問題（労働者対経営者側，新人対ベテラン，専門家対夢想家，その他いろいろ）をも満足させた。グループが，気持ちの良い，落ちついた感じになった。もう真夜中に近い時間であったが，まだ終わってはいなかった。

誰かが，ハーマンはその仕事の3段階下のレベルの技術者であると反対した。しかし，職場集団にはその問題の解決策を生み出すパワーと創造性があるという感情が芽生え始めていた。

その時点では，他の候補者の一人がまだ自分の方が資格があると感じていたので，グループはその人に意見を与える時間を取った。話し合いの後でも，彼はまだ同意しなかったが，自分の思っていた感情を発言し，皆から自分のことを考慮してもらった後，ハーマンとトゥリローの2人の方がこのグループにとってはうまくいくだろうと感じたのだった。

私は，黒板に2人の名前を書いた。すると，誰かが，仕事の分担についてはトゥリローとハーマンの2人に任せるべきだと言った。全員が同意した。そこで，コンコーダンスの投票の準備ができた。部屋にいた全員に一人ずつ順番に尋ねていき，全員がYESと答えた。時間は深夜2時になっていたが，大きな活

> 気があった。トゥリローとハーマンは，完全に納得した58人の支持者を獲得したのである。翌朝，私はその会社の製造ラインを訪ねたのだが，そこにはまだ興奮が残っていた。ミーティングに出席しなかった人々さえもその決定を認めていた。

恐れと異議

　コンコーダンスを信じるにはあまりに聞こえが良すぎるだろうか？　そういう反応は，実は普通である。実際に，コンコーダンスは典型的な組織における意思決定のモデルからの旅立ちなので，時にはものすごく魅惑的に聞こえるが，同時に，実行不可能なもののようにも聞こえ，また，マネジャーと部下の双方において，このセクションで次のような恐れが生まれる。

①私は押し切られる

　上司である私は，グループによって圧倒されてしまい，私がとんでもないことになると思うようなことをグループが行い，止めることができない。しかし，常に，全員―上司の私も含む―が拒否権を持つ。常に，私は自分が災いとなりそうなことを止めさせることができるのである。製紙会社のケースにおいては，部長がコンコーダンスグループの最も地位の高いメンバーであった。彼は，自分が責任を持つつもりのないどんな提案でも慎重に聞き，そのような提案が投票されそうになったら，自分は責任を持つつもりはないと言っただろう。

②他の人はあまりに未熟である

　私は，部下の何人かは分別がある決定を下せるほど十分に賢いとも思えないし，十分に成長しているとも思えないし，十分に経験があるとも思えないし，配慮があるとも思えない。しかし，コンコーダンスにおいては，私が人々を能力があるように扱うと，人々は私が想像したよりもはるかに有能であることがわかる。意思決定グループのメンバーであるという責任感が，グ

ループ目標に対する全員の関心を高める。製紙会社のケースにおいては，その解決策は，経営者側だけで考えつくどんな解決策よりも，全員にとってはるかに満足のいくものであった。

③誰も責任を負わない
　リーダーの私がコンコーダンスのプロセスを導入すると決めたら，上司は，私が自分の権限を放棄してしまって，もはや責任感を持っていないとみなし，私を懲罰委員会にかけるだろう。しかし，実際は，コンコーダンスの意思決定を選択しても，私には権威主義的な方法を用いた時と同じように責任感は持てる。コンコーダンスによる決定は，私の決定である。まるで一人で意思決定を行ったのと同じように，私には全責任がある。製紙会社のケースにおいては，この採用に関して部門のトップとして責任のある部長は，上司に対しても最終決定についての全責任を持っていたのである。

④私はあまり速く飛び出したくない
　リーダーである私は，コンコーダンスによる決定に自信がないので，「ほとんど」の意思決定にコンコーダンスを使おうとは思っているものの，中には私一人で決めしまうものもある。しかし，たとえ1つでも決定を変えるパワーを私が持っているという事実は，メンバーに空しさを感じさせてしまう。なぜなら，メンバーには私がどの意思決定を覆すかわからないのである。私に自信がなければ，真のコンコーダンスを導入できると思うまで待って，今の所はアドバイスだけが欲しいと言う方がはるかに良いのである。

⑤このプロセスは永遠に続く
　私はコンコーダンスを用いるが，我々がある一定の時間内に合意することができなければ，その時は私が決定をする。というように，私がこのようなパワーを保持していたら，コンコーダンスのプロセスを意味のないものにしてしまう。この場合，私は，コンコーダンスのプロセスを一切始めない方が賢明である。最初から事前にグループに特定の時間制限について同意してくれと頼むことによって，私の時間に対する懸念に対処することができる。さ

らに，意思決定が，話し合いの前から実行に至るまで一貫してコンコーダンスであることが大切である。もちろん，私が自分の約束を守ることが極めて重要であり，さもないと，全てのプロセスを次第に傷つけてしまうのである。

⑥これは会社の新しい試みである
　今週のゲームはこれだ。我々が何を言おうとお構いなしに，会社が望むことをやろうとしているのは誰もが知っている。リーダーがコンコーダンスの決定を完全に行い，メンバーがコンコーダンスのプロセスが実際に機能しているのを体験でき，コンコーダンスによる決定が実際になされた時に初めて，コンコーダンスは本物だと全員が信じることができるのである。

⑦なぜ私は自分のパワーを放棄しなければならないのか？
　グループ・リーダーの私がコンコーダンス・チームの単なる一人のメンバーになる時，役割のパワーから属人的なパワーに変化するという問題に直面しなければならない。役割のパワーを持っている時には，私が上司という役割にあるために，人々は私が言う通りに行動する。人々が私や私のアイディアによって影響を受け，その影響から私に従う時，初めて私は属人的なパワーを獲得する。そして，私がコンコーダンスの意思決定に同意する前には，必ず自分のパワーに関する不安感に対処しなければならない。私が自分のアイデアの質によって決定に影響を与えるだけの十分な能力があると感じていなければ，コンコーダンスによる意思決定を試さなくてもよいという完全に合理的な理由をみつけることができる。

⑧私には影響力がありすぎる
　マネジャーとしての私の影響力は，他の人を圧倒する。皆はきっとオープンにならないだろうから，私は参加しない方が良い。しかし，もし私が本当にコンコーダンスを求めるなら，グループはオープンに強制や威圧感の問題を検討しなければならない。一般的に，強制や威圧感の問題を話し合うことができると，強制や威圧感は減少するのである。私がそのグループに参加しなければ，グループメンバーは重要でユニークなインプット—私という存在

—を失い，その結果，グループの決定の質は下がってしまう。製紙会社のケースにおいては，グループがそのプロセスに快適になってきて，リーダーに対して自動的に服従するという傾向やリーダーに対する抵抗はすぐに消え去った。部長とプラント・マネジャーは，いくつかの提案をした。あるものは受け入れられ，あるものは受け入れられなかった。

2. コンコーダンスを実施するためのガイドライン

　コンコーダンスを実行するやり方によって，コンコーダンスがいかにうまく機能するかどうかに差ができてしまう。組織は，いくつかの要因―形成されたばかりの新しいグループか，それとも，既存のグループ―を考慮しなければならないし，リーダーと参加者を準備しなければならない。このセクションでは，これらの課題について言及し，コンコーダンス・モデルを実行するためのガイドラインとそのステップを提供する。

コンコーダンスをグループに導入する

新しいグループ　新しく形成されたグループでコンコーダンスを始めるのが最も単純である。メンバーは初めて一緒に集まったのであり，確立した役割，権力闘争，古い葛藤，同盟関係，意思決定の方法などは何もないからである。

　私があるアイデアを持っていて，そのアイデアを実行するための組織を始めたいと思っていたら，コンコーダンスのやり方についてだけでなく，私のアイデアの内容についても，まわりの人たちを教育することが重要である。新しいアイデアを理解していないグループは，以前のよく知っている意思決定のパターンに逆戻りする傾向があるからである。

　最初のうちは，私がグループ・メンバーに対して全ての意思決定を行い，その後，私がふさわしい時期が来たと思う時に，グループ全体で意思決定を行うように決めることに同意するように尋ねることから始める。彼らの合意は，始まりからコンコーダンスのやり方で行う。

　私の意味することがグループ・メンバーにわかる前に，私がこのグループにおけるリーダーシップを放棄したら，私のアイデアはチャンスを与えられ

第 3 章：コンコーダンスによる意思決定

る前に破壊されてしまう危険を冒すことになる。必要以上に私がパワーを保持していたら，皆がそのうち関心を失い，結局は自分一人で全てを行わなければならないという危険を招くのである。

　全員が賛成かどうかにかかわらず，少なくとも私のアイデアを理解しているということを感じる感受性が必要である。皆が私のアイデアを理解した時が，意思決定のパワーを引き渡す時が来たことを意味するのである。そして，「私」のアイデアの統制を引き渡すことについては，私の自己の気づきを必要とする。

確立したグループ　私は，権威主義的な意思決定や他の方法を用いてきた歴史のあるグループ（大組織も含むあらゆる大きさのグループ）をコンコーダンスのプロセスに変換したいと望んでいる。そのためには，全員を教育する期間が必要となる。グループ・メンバーは，コンコーダンスが何であるかを学ばなければならないし，自分たちの参加の責任を取らなければならないのである。

　ある個人が参加しないことを選択するなら，我々はその人にグループの決定を守ってくれと頼むことができる。その人がすでにグループの決定を守ってくれているなら，我々はその人を潜在的な参加者とみなすことができる。そして，常に，その人は自分の意見や態度を変えることができる。

　私が自分の制度上の役割のパワーを個人的パワーと自分の影響力に交換する気持ちがあると確信するために，リーダーである私は自分の自己概念を確認しなければならない。これらの要因が満足いくように対処されると，我々は自分たちの現在の決定の仕方からコンコーダンスへ移行する。この際，お互いの正直さをテストし，コンコーダンスを探究し，コンコーダンスの専門家によるコンサルテーションを受けることが望ましい。移行プランは，グループ全体によって行われた最初のコンコーダンスによる意思決定となるかもしれない。

▎コンコーダンスを使用するためのガイドライン

告知　グループ・リーダーである私は，最初のミーティングの前に，そのコ

2. コンコーダンスを実施するためのガイドライン

ンコーダンスの潜在的な全メンバーに対して，私がコンコーダンスのやり方を導入したい理由とコンコーダンスがいかに機能するかという説明を告知する。

この移行をより簡単にするために，私は2つの質問をそれぞれの人に尋ねる。「あなたが参加したいと思っていながら，あなたの参加なしで決まってしまう意思決定は何であるか？」「あなたが参加したくないと思いながら，あなたが参加している意思決定は何であるか？」この2つの質問に対するグループの回答が，この組織がどれくらい仲間性の基準を満たしているかを測ることができ，初めの改革をまずはどこから始めたらよいかがわかるのである。我々は，最初のミーティングでこれらの解答を検討する。

第一回ミーティング　グループ・リーダーである私は，自分の職場集団にコンコーダンスを紹介する。「私は，私の地位における全ての意思決定を行うパワー（私の権威，責任，義務の範囲において）を持っている。私は，意思決定がコンコーダンスを用いて行われたら，より創造的で，質が高く，完全に遂行される意思決定となると信じているので，今後全ての決定は，コンコーダンスを用いて集団が下すことにする。あなたは，直接参加するか，参加しないかを自由に選択できる。あなたが参加しないことに決めても，コンコーダンスのプロセスで行う私の全ての決定を実行することに同意してもらいたい。あなたはすでに私の決定に従っているので，これは難しいことではないと思う。以前のやり方でもそうだったように，私には常に全決定に対して完全な責任がある。参加することを選んだ人は，コンコーダンスに基づく全ての意思決定パワーを持つことになる。今現在，参加したくないと思っている人も，グループがその間に決定を変更しない限り，後日，グループに加わることもできるというオプションを持っている」。

どのメンバーが不在であってもグループを麻痺させるので，グループ・メンバーがその状況にどう対応できるかのルールを作っておくことは絶対に必要である。あるグループは，誰であれ，ミーティングに参加した人たちによって意思決定グループを構成することに同意する。他のグループは，現在のミーティングに参加した人たちがコンコーダンスによる意思決定を行い，

第 3 章：コンコーダンスによる意思決定

その決定を不在のメンバーに知らせ，彼らが反対すれば，それを主張するために指定された時間を与えることを決定する。不在のメンバーが反対すれば，グループはその決定を再考する。

　グループは，リーダーを任命しなければならないか？　リーダーがいない方が良いというグループもあれば，グループの舵取りをする人がいた方が良いというグループもある。あるグループは，リーダーシップが欲しいかどうかをその都度決定したいということもある。その手がかりは，グループがコンコーダンスをもって決定するということである。

継続性　グループは，特定の決定がコンコーダンスによって下されるまで，現在の手続きを用いることを同意する。

最初の問題　グループメンバーにコンコーダンスのやり方を体験させるために，比較的単純な問題から始める方が簡単である。グループ・メンバーがコンコーダンスのやり方に自信を持つようになれば，グループはもっと難しい問題へ進んでいける。しかし，気を付けよう。単純な問題と思っていたことが，しばしば，予想していたよりもはるかに複雑であったことが明らかになってくる。とりわけ最初の議題は，その内容に関係なく，グループが未解決の問題を発見して，発表するために使う手段であるということを考慮しなければならない。このことが起こる時，話し合いの難しさを決めるのは問題の複雑さではなく，この方がコンコーダンスのやり方を用いて話し合う場合の最初の問題となるということである。

決定，あるいは，提案　コンコーダンスを始める良い方法は，グループ全員に彼らが行いたい全ての項目を書き出してくれと頼むことである。次に，グループはコーディネイターを任命し，そのコーディネイターはこれらのリストを整理して，皆の集まるところに参加希望者の記入欄と共にリストを掲示する。メンバーは，自分がどの意思決定に参加したいかを選択する。意思決定グループに当然参加していなければならないと思われる人たちがいるのに，その人たちが署名していなかった場合には，グループの他の誰でもがその人

2. コンコーダンスを実施するためのガイドライン

たちに参加しませんかと誘うことができる。

それから，コーディネイターは全員と連絡をとって，各グループの開始日を決定する。グループ全員のミーティングにおいて，メンバーはそれぞれのサブグループを，提案作成グループ—問題を分析し，オプションや勧告をグループ全体に提案するグループか，意思決定グループ—このグループで決定したことが最終決定としてグループ全体の決定となるグループかを決定する。グループ全体で意思決定グループと提案作成グループの時間調節と規則を決定し，最初に取り組む課題は何かの優先順位を設定する。

メンバーシップ　意思決定グループと提案作成グループは，毎回確実に参加するメンバーだけで構成することも，最終決定には参加しないが自分の感情を表現したいというメンバーで構成することも可能である。各サブグループが，部分的な参加を許可するかどうかも決める。一般的には，初めは，グループ全体で定期的に毎週集まり，その後，仕事のボリュームとミーティングの価値に応じてミーティングの頻度を調整する。

準　備　グループが進行するにつれ，提案作成グループが非常に重要になってくる。事前に外部環境調査を行い，それをベースに査定した代替案を提示するという提案作成グループの仕事は，コンコーダンス・グループが活動に集中するのに役立つ。この事前作業は，通常，大グループでは効果的にできない。

適切さ　問題解決の流れの中で，グループ全体のミーティングが最も効果的であるという時点もあれば，意思決定グループか提案作成グループを任命する方が効果的であるという時点もある。重要なことは，自分たちが直面している問題はどの局面なのかをグループが理解し，グループの持っている資源を最も効率的に活用することである。一般的に，問題が最初に提起された時は，関連要因や考慮すべき事柄を見落さないようにグループ全体で行うことがベストである。最初のブレイン・ストーミングや探究が行われた後，グループがさらにリサーチや情報が必要だと決定した時や，サブグループが各

第 3 章：コンコーダンスによる意思決定

オプションについての長所と短所の分析とグループ全体に対する提案をした方が話し合いがもっと的を射ると思われる時には，個人やサブグループによって行われる方がベストである。

進　歩　コンコーダンスに向かう進歩は，開放性の基準に沿って普通達成できる。意思決定グループのメンバーを選択する（仲間性の基準）ことと，拒否権を全員に与える（支配性の基準）ことは，制度上，導入することのできる手続きである。しかし，開放性は法律によってつくり出すことはできない。人々はグループの中で快適な感じがするようになって初めてオープンになることができるのであり，そのためには，通常，時間と試練が必要になる。グループがもっとオープンになると，意思決定はより適切で創造的で能率的になり，効果的に実行されるようになる。

袋小路　話し合いが膠着状態になった時，真実のレベルが本当の感情と可能性のある恐れを理解するのに役立つ。人々がもっとオープンになると，真実のレベルは自分の立場に固執する人の柔軟性のなさ（こだわり）の基礎をなす理由を明らかにするので，より価値のあるものとなる。真実のレベルを順にチェックしていくことは，一人の人が妥協しないために身動きができなくなっている状態から脱け出すための最も効果的な手段である。

未決定　集団が決定に達しなくても，それはしばしば正しい決定である。未決定は，決定を下すために必要な全てのデータが揃っていないという理由，あるいは，人々が新しいアイデアに慣れるまでにもっと時間が欲しいという理由など，集団が決定する準備ができていないことを表している。不完全な話し合いに基づく決定は，実行段階で問題となってしまうからである。

プロセスについて

　しばらくの間，集団の意思決定がコンコーダンスの形式で機能していると，面白い特徴が現われる。最初は，意思決定のパターンがコンコーダンスの前に用いられた方法に似ているように見える。例えば，専門家が専門領域につ

いての意思決定を行い続けるということである。しかし，大変な違いがある。つまり，全員が意思決定に賛成するので，全ての決定とその実行において完全な支持が得られるのである。コンコーダンスを用いないで行われた意思決定を変更したり，改善したりすることは，効率と士気に大きな影響を与えることになる。

　第二に，参加者は組織の見方が幅広くなる。というのはコンコーダンスの決定を下す前に，意思決定集団の他のメンバーによって代表される組織のあらゆる面を考慮しなければならないからである。

　第三に，ある時点で，集団は人々がどう感じているかを尋ねなければならないことがわかっているので，コンコーダンスの集団は，通常，はるかにリラックスした雰囲気を持つのである。したがって，人々は押し切られることに対して心配する必要がなくなり，他の人が話さなければならないことを聞くことに集中できる。

〈事例〉　ある大学の計算センターにおけるコンコーダンスの事例は，コンコーダンスを実際に実践している人たちによって報告されたものであり，コンコーダンスが実際にはどのように機能するかを示している。そのケースは，コンコーダンスがコミュニケーションと全体の生産性を改善したのと同様に，彼らがぶつかった問題や抵抗も明らかにしている。語り手は，東部の大きな大学の計算センターのチップ部長である。

　この職場を取り囲んでいる雰囲気を感じてもらうために，我々が実際にどのようにコンコーダンスの決定に達したのかをお話ししましょう。まず，我々がコンコーダンスの決定を行う際，必ずしも慎重でないことを率直に認めておきます。時には，近道を選択しなければならないようなプレッシャーをかけられているように感じることもある。しかし，我々が慎重にコンコーダンスの決定を行うと，非常にうまく機能するのである。

　我々は，意思決定のために厳密にその問題を定義し，すでにわかっている代替案と共にチーム全体とサブグループに掲示する。これは，決定する領域において責任を持つ全ての人たちに参加することを考えてもらうための紹介である。決定する内容を厳密に定義し，すでにわかっている代替案を掲示することは，

スタッフの時間の節約になり，チーム・メンバーが参加したいかどうかを決定する助けにもなる。

　我々が集まる時，特に大きな意思決定グループの場合には，議長を導入することが多い。議長の仕事は，我々の時間を節約するために重要である。議長は我々を集中させ，達成する必要がある話し合いのポイントを我々に思い出させ，うまくミーティングを終えるように時間管理をする。

　我々が集まって最初に行うことは，グループを見回し，ここに参加することが重要だと思った全員がここにいるかどうかをチェックする。もし重要な誰かが出席しておらず，参加している人に委任状を送っていなかったら，我々は決定を下すために適性な人々がいないと決定する。次に，我々は予想外の参加者が出席しているかどうかをチェックする。もしそういう人がいたら，なぜ出席することにしたのか，その気持ちを聞く。

　次に，全員にこの問題に取り組むために集まったことに対してどう感じているかを尋ねる。話す気になっている人から話してもらうように言う。機械的に順番に話してもらうようにはしない。全員が話をするまで待ち，途中で話を遮ったり，質問をしたりしないようにする。

　そこで，実際の課題に取りかかる準備ができたのである。我々は全員に，比較や討議をしないで，可能な限り質問を少なくし，質問をするにしても明確にするためだけに尋ねるということを確認しながら，課題と代替案について，一人ひとりに自分の考えを発表してもらう。これは，まさにブレーン・ストーミングのようである。

　その後，討議が実際に始まる。議長の仕事は，単に交通整理をすることから始まり，その後は，重要な話し合いを始めながらわき道にそれてしまったような時に我々を元に戻すことである。話し合いが静かになり始めると，一連の話し合いが終わりに近づいたことがわかる。我々は決定を下す準備ができているかもしれないし，できていないかもしれない。

　そのことは，我々が決定案の試案をつくることでわかるのである。誰でも，いつの時点でも試案を作ることができる。試案とは，我々の提案した決定を慎重に表現した文章である。全員にその文章が見えるように，黒板か掲示板の上に大きく書き出すことは役に立つ。試案の重要な部分は，その決定を実行するのは誰であるかを確認することである。我々がもう一度静かになるまで，試案

2. コンコーダンスを実施するためのガイドライン

の言葉遣いを直していく。次が，よく知られた真実の瞬間である。我々は，しばらくの間，それぞれ自分自身について内省する。それから，順番に，一人ずつ全員に，「YES（はい）」か「NO（いいえ）」かを尋ねる。明確な YES 以外は全て NO と見なす。「オーケー」とか，「もちろん」「どうぞ」という反応は，「NO」としてみる。YES，NO の反応にかかわらず，我々がどのような状況にあるのかを確認するために，順番に全員に尋ねていく。

全員が「YES」と言わなければ，話し合いを続ける。我々は，「YES」と言わなかった人の気持ちを理解するために，その人にどう思っているかを話してくれるように頼む。そして，この時点では決定を下すことができないという結論を下すかもしれない。それはそれで良いのである。実際に，この意思決定を行うために必要な全ての人たちが参加していなかったり，必要な全ての情報がないことに気がついたのかもしれない。我々は，後でそのことに取り組むことを確認する。

全員が「YES」と言ったら，決定する。それから，沈黙の時間をとって，もう一度それぞれ自分自身について内省する。自分自身に尋ねる。

「私が今行ったことに対して，私の身体は何を私に話しかけているか？」「私はリラックスしているか，あるいは，私の身体のある一部はまだ緊張しているか？」「私はその決定を本当に行っていくか？」もし私がそうでなければ，話し合いに戻る。

このミーティングで行われる意思決定はこれ以上ないので，全員が話し合いの進め方をどのように感じたかを話すための時間をとる。もう一度，話す気持ちになった人から順に話してもらう。全員が話をするまで待つ。そこで，ミーティングを終了する。

ミーティングの後，議長は賛成された案をチーム全体に掲示する。その際，議長は各決定の理由の説明を取り入れてもよい。このことは，チームが提案作成グループや意思決定グループを任命して，決定するやり方に快適な感情を持ち続けることを助けるのである。

避けなければならない落し穴がいくつかある。ミーティングを知らせるために掲示された情報の中で，決まりそうな，あるいは，好まれるような代替案を示唆するように見えることは，そのチームが実際には皆のアイデアを聞くつもりはないというメッセージを送ることにもなるからである。

第3章：コンコーダンスによる意思決定

　グループやそのグループ・メンバーを信頼しない人間ほどコンコーダンスのミーティングを破壊するものはない。信頼に欠けるということは，多くの理由によるのである。全般的には，それは無知によるものか，あるいは，前に受けた傷によるものである。スタッフにプレゼンテーションを行ったり，レポートを配布したりすることによって，ある程度まで意思決定ミーティングの前に無知の問題を取り扱うことができる。そして，特定の人に対して恐れを感じている個人に，しばしば議長も同席して，その人と一対一で一緒の席につくことを勧める。しかし，意思決定ミーティングの最中に表面化してきた人々の不安や感情についても話し合う姿勢ができている必要がある。我々は，ミーティングの本来の目的に向かって進めないかもしれないことや，先に進む前にこれらの人々の不安や感情を聞くために時間をさく必要があるということを受け入れる準備ができていなければならない。これは，我々の体験で最も難しい選択の一つである。その可能性を考慮に入れて，我々がコンコーダンスのミーティングを召集する時は，まとまった時間が取れるようにスケジュールを組む。我々が熱心に聞けば，ミーティングを早く終了することができる。

　決定を行い，それを実行しなければならない重要なメンバーが，ミーティングの最中に出たり入ったりしたり，ミーティングに来たり来なかったりする時は，その人は重要な情報を聞き逃してしまうことになる。その人がミーティングに再び参加する時，グループの残りのメンバーはこの重要な情報をしばしば繰り返さなければならないので，自分たちの時間を無駄にしたという感情が残る。このことは，話し合いの間に食事をすることにもあてはまる。食事をしている時，我々は他の人が話していることや彼らがどう行動しているかといったことに対して十分注意を払っていない。ミーティングの議長は，話し合いの間，グループが討議に集中できるように適当な休憩をスケジュールに入れておく必要がある。

　いったい何が必要なのだろうか？　確かに時間が必要である。しかし，これは「今私に払うか，後で払うか」という状況の一つである。我々は，決定を実施する人たちから確約を得るためにコンコーダンスに時間を投資するのである。このようにして決定される場合には，何度も同じ問題を繰り返し論ずることを避けることができるのである。手を抜いてしまうと，またしてもその問題について，しかもたいてい陰でこっそりと，話すことになる。

配慮もまた必要である。配慮というのは，容易にそのプロセスを起こすことができるようなものではない。簡単に言うとすれば，到達するものである。配慮は，本当に心から一致するような意思決定が行われている中で起こることなのである。そのプロセスは，私たちが他人のことだけでなく自分自身のことも配慮する時——私たちが自分たちの恐れに十分耳を傾ける時，容易に働き始める。そのプロセスが，私たちを他者への配慮に目覚めさせ，お互いに配慮し合うよう私たちを勇気づけるのである。
　コンコーダンスの利点は，協力，効率，安定性，創造性の増大である。我々が全員の感情を理解し，決定を下す時，配慮されている感じがして，協力することができる。人は，ある状況についてしばしば同様の感情を持つ。グループの中でこれらに反応することは，時間をあまりかけずにすますことができる。そして，私が理解されたという感じがあり，チームが行っていることについて良い気持ちがする時，私は自分の痛みを共有したり，理解を求めてさまよい歩いたりする時間を過ごさなくてすむ。我々がより多くの情報を持てば持つほど，狂った破滅的な決定はどんどん少なくなっていく。そして，人が気にかけられていると感じれば感じるほど，組織に残る誘因が大きくなるのである。私がその結果に影響を与えることができると思うと，私はいっそうエネルギッシュになることができる。私はもっと他の人を仲間に引き入れ，我々が一人ひとりで作ったものより良い解決策を一緒につくることができるのである。
　こうすることは可能だろうか？　答えは，YESである。コンコーダンスが機能する時，その結果は素晴らしいものとなる。我々の問題は，全般的に完全にコンコーダンスを適用しないことである。一般的には，普通の組織のルールの下で，権威を持っている地位にいる人（例えば，部長）が自分自身の有能感のなさに対する不安と他の人の苦痛に対処することに恐れを持っており，統制できなくなるのではないかと思っている時に，コンコーダンスを用いないのである。
　コンコーダンスのグループはどんな決定を下すことができるか？　メンバー一人ひとりが以前持っていた権限に基づく全ての意思決定である。
　我々は，全てにコンコーダンスを用いるか？　まだ全てには活用できない。しかし，予算カット，一時解雇，採用，昇進といった大きな意思決定のいくつかにコンコーダンスを用いている。コンコーダンスによる意思決定がうまく

いった 2 つの例は，コンピュータ設備サービス・グループのマネジャーの採用と，UNIX システム・グループのグループ・リーダーを採用した時である。我々は，徐々にコンコーダンスに慣れてきた。「コンコーダンスの原則によって部門を運営していくか？」と，チーム全体に尋ねる準備ができていると私は思うのである。

コンコーダンスの目標は，単に決定に達することではない。それは，決定をする人たちが確かに実行するということでもある。素晴しいアイデアをたくさん持つグループがお互いに実行するという確約がなければ，質の高い製品が生まれることはない。

それではなぜ，それほど大きな不安を持ちながらも危険を冒そうと悩むのだろうか？ それは，我々がはるかに気分良く，もっと良い仕事を行えるようになるからである！

我々がコンコーダンスを使い始めた 1989～1990 会計年度以来，我々の大学は厳しい財政的なプレッシャーを受け，コンピューター・センターは，スタッフの 10 パーセントの削減を含む 15 パーセント以上の予算カットをしなければならなかった。それにもかかわらず，我々はほとんど同じサービスを今も提供できており，さらに新しいサービスも加え，以前よりも活気にあふれて働いており，顧客ともより密接なつながりがある。

コンコーダンスは，時間と人と自分を気にかけることが必要である。しかし，同時に，我々がお互いの関心を高め，質の高いサービスを生み出す能力を大幅に向上させているのである。

振り返り　コンコーダンスについて考える

1. 私が上司でなかったグループと比較して，私がリードしたコンコーダンスのグループに違いを感じるか？
2. 私は，仲間性の基準（最も良く知っている人たちと最も影響を受ける人たちが意思決定者である）の長所がわかるか？　短所はどうか？
3. 私はコンコーダンスにかかる時間に関してどう思うか？　私の組織はどう反応するだろうか？　どうしたら私は自分の会社にコンコーダンスに時間を投資することを納得させられるだろうか？
4. 私は，コンコーダンスと民主主義の間の関係がわかるか？　どのように？
5. 私は，コンコーダンスをリーダーである私の全責任を実行するために使うことを理解できるか？　私のコンコーダンスに対する最も大きい反対や恐れは何であるか？

3. 葛藤解決のためのガイドライン

　最もコンコーダンスに熟達した人たちの間でさえ，葛藤は必ず起こる。コンコーダンスは，集団で起こる葛藤を解決するために効果的なテクニックを提供する。次のガイドラインは，推進役がグループのメンバーに読んで聞かせ，メンバーはそれに従って行動するための文章である。〈（　）の中の挿入文は，推進役への指示である。〉

1. **問題**：解決すべき問題を明確にして，書面に書き出します。
2. **非難する**：あなたがその問題の解決を妨げていると思っている，あなたに反対する全ての人を非難しなさい（このプロセスは，言いたい人が自由に発言するやり方でも，一人づつグループ全員から非難されるという形をとっても，グループで決めたやり方ならどんな方法でもよい）。うまくいかないのは他の人のせいだという理由を全て考えて下さい。たとえあなたがそのことを強く思っていなくても，また，一部しか真実ではないとわかっていても，全ての理由を必ず述べてください。どんなに些細なことでも，残さず発言して下さい。（約5分間）
3. **明確化する**：あなたが言った全てのことを明確化して下さい。反論や論争の時間ではなく，あなたの非難が何を意味していたのかを明確にするための時間です。（論理的な質問は全て認めるが，非難や防衛に戻ることは認めない。約3分間）
4. **反応する**：驚き，怒り，悲しみ，喜び，その他何でも，あなたが聞いたことに対する反応を述べます。（3分間）
5. **認める**：特にあなたが誇張して言った場合，あなたは自分が言ったことについて何が正しいと思っているのか，そして，自分に言われたことの中で何が正しいと思っているのかを述べます。再び議論を始めないで下さい。あなたが真実だと感じる部分を単に認識するだけです。グループの一人ひとりの自己洞察が高まってきて，防衛が少なくなってきたら，葛藤解決を始めます。（約10分間をこの活動のために使う）
6. **振り返り**：目を閉じて下さい。あなたが自分の自己概念について学ん

だことを思い出して下さい。特に，自分自身の中で最も良く思っていないところを思い出して下さい。「私があなたを非難したことの中で，私にとっても真実だと思えるものは何ですか？」と自分自身に尋ねて下さい。(1分間)「私があなたを非難したことの中で，あなたが私に感じていると思えるものは何ですか？」(1分間)「この問題について，私が持っている個人的な恐れ(無視される，バカにされる，拒絶される)は何ですか？」(1分間)「個人的に私が達成したい(注意を払ってもらいたい，有能だと見られたい，好かれたい)と思っていることは何ですか？」(1分間)

7. **探究する**：目を開いて下さい。これらの質問の一つ一つに対するあなたの解答を話し合って下さい。各自が発言する際に，もしその発言者が全部を話していないと感じたら，何が正しくないと感じたのかを言います。発言者は，その観察を良く踏まえ，あなたの言ったことに同意するか，自分が正しいと思うかを言います。(10分間)

8. **共謀する**：我々は全員，その状況に対して100パーセントの責任があり，誰も非難することはできないと思って下さい。目を閉じて下さい。あなたの防衛や柔軟性のなさ(こだわり)，身体状態を思い起こして下さい。非難ではなく，問題解決の精神で，今のあなたの状況を作り上げた自分の責任を取ります。あなたは自分が好きでない状況をどうやって導き出しましたか？　自分がどれくらい悪く見えるかを気にせず，何事も隠さずに話して下さい。あなたが悪く見えれば見えるほど，あなたはより多くのことを学びますし，通常，人々はもっと良く反応してくれます。

あなたの左隣の人に向いて「あなたは解決を妨げるためにどのように共謀しましたか？」と質問します。あなたが答えを受けとったら，「ありがとう」と言って下さい。次に，質問に答えた人が，左隣の人に向いて同じ質問をし，答えてもらい，「ありがとう」と言います。私がストップというまで，グループで繰り返しこの手続きを続けます。2，3回続けたら，質問を「どのように共謀しましたか？」と短くしても結構です。(約7分間続ける。それから，次のように言う。「言う

ことがなくなってきたら」，少し間を置き，「ここで続けることが大切です」。さらに5分間続ける。）では，ストップして，目を閉じて下さい。

9. **重要なこと**：あなたが言ったことの中で，あなたにとって最も重要なことは何でしたか？（10秒間待つ）誰か他の人が言ったことの中で，あなたにとって最も意味があったことは何ですか？（10秒間待つ）何かを思っていながら言わなかったことはありますか？（10秒間待つ）目を開けて，この3つの問題について話し合って下さい。（5分間）

10. **解決する**：本来の葛藤のあった問題に戻って，コンコーダンスに達するまでその話し合いを続けて下さい。あなたが自分自身について学んだことに気づいて下さい。あなたや他の誰かが個人的防衛に囚われていると感じたら，いつでも話し合いをストップして，その問題に焦点を当てて下さい。真実のレベルをその状況を明らかにするために使って下さい。（30分間ないし解決するまで続ける）

要約すると，葛藤解決においてコンコーダンスの原則，とりわけ正直さと自己の気づきを使うと効果的である。チーム・メンバーがお互いの考えや個人の感情を共有する時，彼らは最も望ましい解決に至るために必要な全ての要因を持つことになる。メンバー個人の感情を無視することは，チームが半分しか扱っていないことを意味する。この考えは筆者不明の格言の中で見事にとらえられている。「感じていることを口に出して言うまで，自分が何を考えているか，どうしてわかるだろう？」。

第4章

Redifining Leadership

リーダーシップとヒューマン・エレメント・アプローチ

　賢明なリーダーは，不必要に介入しない。皆はリーダーの存在を感じてはいるが，グループは，しばしばグループ自体で運営されている……リーダー個人の意識の状態が開放的な風土を創る……いつ耳を傾けて聞き，いつ行動し，いつ撤退するかをわかっているリーダーは，ほとんど誰とでも効果的に一緒に働くことができる……他の人々がどのようにふるまうかを知るには知性が必要である。自分自身を知るには英知が必要である……有能なリーダーが実際にどれほど何もしないか，それなのに，どれほど多くのことが達成されるかを見ると，人々は最初は困惑してしまう。正直でオープンなグループを運営しなさい……聞こえが良いことを言うよりも，もっと単純で率直な真実を言うことの方がはるかに重要である。
老子

　監督者を訓練して一つのリーダーシップ「スタイル」を身につけさせようとする試みは，個人個人のやり方で行動し，自分の状況に対しては自分で責任をとるという本質的な条件を奨励することに比べて，はるかに貧しい効果しか生み出さない。
ダグラス・マグレガー

　組織におけるこのヒューマン・エレメントの探究は，我々一人ひとりに等しく応用できることを示してきたのである。私が仲間性，支配性，開放性という行動の局面と重要感，有能感，好感という感情の局面に反応するのは，これらの局面が個人的に私の自己概念とセルフエスティームにとって重要だからである。これらの局面は，セルフエスティームを高めるオープンな雰囲気を育てるか，あるいは，妨げるかということにおいて中心的な役割を果た

すリーダーにとってはとりわけ重要である。

　ヒューマン・エレメントのアプローチでは，高いセルフエスティームを持つことによって，私が，不平不満，権力闘争，縄張り争い，サボタージュ，無気力などから仕事に集中できるようになり，人間関係をオープンにし，我々一人ひとりを自由にするグループプロセスと個人のプロセスを通して，より大きな生産性をもたらすということを強調するのである。前にも述べたように，本書の全内容をマスターすることは，最高のリーダーシップという目標を目指す長い道のりなのである。リーダーである私が自分自身と他の人を理解し，集団とチームワークの学力や個人個人の潜在能力を発揮させる方法を理解し，自分が効果的な意思決定ができるようになれば，人を導くための道具を十分に身につけていることになる。自分たちの組織にヒューマン・エレメントのアプローチを導入したマネジャーやリーダーは，職場生活の質的向上と組織の財務上，戦略上の目標の達成，もしくは，それらの目標を大幅に越えた効果を報告している。この章では，リーダーシップに対するヒューマン・エレメント・アプローチの意味合いと，ヒューマン・エレメント・アプローチによるリーダーシップの特徴と組織で機能させるためのチャレンジについて簡単に見ていく。

1. リーダーシップにおける謎

　ヒューマン・エレメント・モデルを開発してきた長年の間，私はリーダーシップについて途方に暮れていた。多くの異なったリーダーのやり方が，同じように強力に見えたのである。リーダーシップにおける「偉人」論，ビジョンを持つリーダーやその他主要なリーダーシップに関する理論は，多くの異なる種類のリーダーの成功理由を十分には説明していないように思えたのである。たとえば，独裁的なビンス・ロンバルディ，素朴なジョー・ギブス，博学なビル・ウォルシュは，それぞれ非常に違うスタイルで成功したフットボールのコーチである。ワーナー・フォン・ブラウンは人類を月に到達させるための権威主義的なやり方を用いたし，控え目なマハトマ・ガンジーは非暴力によってインドを変えた。では，マーガレット・サッチャーと

マザー・テレサはどんな共通性を持っているだろうか？

達成者としてのリーダー

　習慣に従って，私はより単純で明快なコンセプトを探した。私は，エルヴィン・セムラッドの「達成者としてのリーダー」という考え方の中にこのコンセプトを発見したと思う。セムラッドは，リーダーの役割とは，チームがその使命を果たすために必要な全ての機能をうまく果たすことを確かめることであると言っていた。

　「達成者としてのリーダー」というコンセプトは，なぜ特定の場所で，ある人は成功し別の人は成功しないかということを明らかにしてくれるのである。このコンセプトは，自分が何をうまくやれるか，そして，他の人に何を割り当てなければならないかというリーダーの自己認識がいかに核心をついたものであるかを説明している。数多くあるうまく機能しているリーダーシップのモデルの中で人気があるジョン・ウェインのマッチョ・モデルだけがリーダーシップのモデルになっていることを，このコンセプトは考え直してみるのである（もう一つは，「最も指揮をしないことがベストに指揮をすることである」というアジアの老子（タオイスト）のモデルである）。そして，グループの必要条件によってリーダーの行動は大きく変化するので，なぜ多くの異なるリーダーシップのスタイルが成功しているのかその理由を説明するのである。

　成功したリーダーシップは，ある程度，戦略立案，ビジネスに関する法律，財務などといった技術的，専門的な知識やスキルにもちろん依存するのであるが，これらのことについてはここでは言及しない。その代わりに，最高の業績を上げるリーダーを生み出すアプローチとそのプロセスに焦点をあてるのである。達成者としてのリーダーは，次のようなタスクや特徴を個人の資質として持っている。

達　成　私は，自分のチームが目標を達成するためには何が必要なのかを知っており，自分たちの能力を最高に使って目標に達成するように気を配る。その仕事を最高にできる人たちがそれぞれの仕事をやるようにし，決定に

よって最も影響を受ける人たちが意思決定を行うようにする。他のチームメンバーと同じように，私は，技術的な専門知識を提供したり，ビジョンを作成したり，カウンセリングを行ったり，訓練をしたり，コーチをしたり，葛藤を解決したり，サポートをしたり，人々を鼓舞するなどというような，私に最適なことを行う。私の仕事は，チームとして我々が成功するための必要条件を満たすためにやらなければならないことは何でもやることである。リーダーは全てのやり方を知っている必要はないが，良いチームワークの本質的な要素に気づき，チームが効果的になるようにその要素を機能させなければならない。

リーダーシップ・スタイル　リーダーは一人ひとり異なっているのだから，個人の強みが重要である。例えば，リーダーである私が技術的に有能であれば，自分の有能感をチームの業績に貢献させることは重要である。しかし，私が特に技術的には有能でなくても，非常に良いまとめ役であれば，チームをまとめることが私の役割の一つとなる。

意思決定　リーダーである私は，最も質の高い決定を達成するためにチームのスキルを各問題に集中させ，いったん意思決定をしたら，その決定がすぐに完全に実行されるような意思決定モデルを採用する。

成　功　リーダーである私の機能は，自分自身を含めた全員が，個人として，チームとして，自分たちの潜在能力を完全に発揮できるように手助けをすることである。私のチームが成功していれば，リーダーである私も成功しているのである。

チームの機能　私は，自分のチーム―私自身と私の監督下の全員―が最高の仕事を行うためにどんな機能を実行しなければならないのかを知っていなければならない。外部（顧客，納入業者，他部門，本社，支社，競争相手，コンサルタント，メディア，政府機関などを含む外の世界）との関係において，私はチームが申し分のない生産的なやりとりを行っていることを確かめる。

1. リーダーシップにおける謎

チーム・メンバーの内部の関係においては，私はチームの中の対人関係の問題に気づき，どのようにその問題を解決したらよいかを知らなければならない（第1章を参照）。私は，全員が内部の関係における仲間性，支配性，開放性の課題についてチームとして合意するように援助をする。私は，雰囲気と役割の協働性の問題，補完関係の原理，集団力学，集団成長の各段階，チームワークへの障害，柔軟性のなさを扱う方法などに気がついている。課題達成のために，我々が製品やサービスを開発し，維持するための創造性，論理的なスキルや知識を持っていることを確認する。我々が自分たちの目標，ビジョン，長期計画，仕事のやり方を伝える価値観を確立し，明確にするように気を配る。また，各個人とグループ全体にとって最大の利益を得るために，そして，創造的で論理的な考えを阻害する要因を排除するために，様々な認知のスタイル，異なる問題解決の方法，人々の多様な背景を認めて統合する。

自己の気づきとセルフエスティーム 自己の気づきがなければ，リーダーである私の行動全てが自己欺瞞に基づくものになり，効果がなくなる可能性があり，危険でさえある。私は自分をどのように活用するのが最高であるかを知らなければならないし，私の認知を歪めるかもしれない脅威，競争的な感情，さらには魅力にも気づかなければならない。そのうえ，私は一人ひとりのグループ・メンバーのセルフエスティームに注目し，ポジティブな自己概念を高める雰囲気をつくるのを助ける。自分自身について好意的に感じている時，全員が最高に働けると思う。例えば，チーム・メンバーが本当に生き生きしていると感じられるように，私は参加している（参画）という雰囲気をつくるべく努力し，チーム・メンバーが重要感を感じられるように，私は認められている（認知）という雰囲気をつくる努力をし，チーム・メンバーが有能感を感じられるように，私は権限を与えられている（エンパワーメント）という雰囲気をつくるべく努力するなどである。

〈事例〉「達成者としてのリーダー」の好例は，ジョン・ルーカス（プロ・バスケットボールのサンアントニオ・スパーズのコーチ）である。セルフエス

第4章:リーダーシップとヒューマン・エレメント・アプローチ

> ティームの重要性に対する彼の信念について,アシスタント・コーチであるジョージ・ガーヴィンは次のように言っている。「ジョンは,人々を助けることができると信じている。そこで,もしあなたがそのような影響力と人々の心の中に入っていく能力を持っており,人々が自分自身のオーナーシップを身につけられるように援助するなら,あなたは人々のセルフエスティームを高めていくことができる。つまり,あなたは自分のことを良く思い,毎晩出場して,一生懸命プレイする……ルーカスは,スパーズを一種のNBA共同組合のようなものに変えたのである。彼は,選手のディビッド・ロビンソンをチームの『チーフ・エグゼクティブ・オフィサー(最高経営執行責任者)』とする提案をしたが,全ての選手に発言権があるのである。ルーカスは,選手たちにタイムアウトの取り方を任せることもある。選手の移動も任せており,彼は,選手たちがやるのを助けるのではなく,実際にやらせるのである」。最終結果の数字についていうと,ルーカスがコーチに就任して以来,スパーズの勝率は45パーセントから67パーセントに大きく変わり,見事な進歩をとげたのであった。

人々を理解する　私がリーダーである自分に気づいていれば,自分をよく知ることによって,通常,他の人たちのこともよく知ることができる。人がどのようにうまく機能するのかを知るためには,人のことをある程度理解しなければならない。我々がお互いによりよく自分自身を理解できるように,私は完全なフィードバックを奨励する。オープンな雰囲気は,フィードバックの効果を高めるのである。

集団力学についての知識　私が,チームがうまく機能していない時にそれをすぐに感じ,どうしたらその問題を解決できるかがわかり,チームがどのように機能するかを知ることはとても重要である。コンコーダンスのような方法を活用することによって,チームをどうしたら最高に機能させることができるかという意思決定を行い,チームの全能力を活用することができる。

課題を達成する能力　私は,技術的な知識,創造性と論理的な考え方の観点から,チームが目標を達成するためには何が必要なのかを知っていなければ

1. リーダーシップにおける謎

ならない。さらに，私は，個人やグループ全体を妨げている心理的要因を認知し，それに対して何をしたらよいか，また，他のチーム・メンバーを使ってどうやってその仕事を達成するかを理解することが必要である。

▎達成者としてのリーダーを創造し，訓練する

　リーダーは，自分自身を創造するものである――生まれながらのリーダーはいないし，リーダーは人から作られるものではない。全てのリーダーは，「達成者」モデルを自らの業績やチームの業績を向上するために使うことができる。

　リーダーシップ能力を向上するトレーニングの中で，新しいリーダーである私は，まずグループ体験における自分の歴史について考える。生まれてから今までの人生において，私はグループの中で今までにどんな役割を演じてきただろうか？　私は，一般的にグループの人たちからどんな感情を導き出すだろうか？　どんな役割を最も快適だと感じるだろうか？　どんな役割が難しいか？　それらをもとにして，自分が最も快適で効果的だと感じるリーダーシップの種類を定義することができる。私の自己認識を高めるために，第1章のチームワーク（補完アプローチと開放性アプローチ）の振り返りをチェックする。第2章では，個人的な業績（仕事の人間関係，個人による意思決定，仕事の適性）の振り返りをチェックする。そして，第3章では，意思決定（コンコーダンス：心からの一致）の振り返りをチェックする。

　私と一緒に働いたことがある人たちから私は指摘を受ける。開放性と自己の気づきの雰囲気は，このフィードバックを最も価値あるものにする上で大変重要である。

　全てのチーム・メンバーと私は，自分の長所と短所について，通常，各自の自己査定から始め，次に，他のチームメンバーからフィードバックを受けるといった方法でオープンに話し合う。このやり方は，大抵の場合，大変価値のあるやりとりとなる。多くの人たちが自分の不十分な感情を隠そうとものすごい量のエネルギーを費やし，あるリーダーは，自分が全ての点で誰よりも優れている場合だけ自分が安全であるという信念に囚われていたことがわかるのである。

151

第4章:リーダーシップとヒューマン・エレメント・アプローチ

　私のチームと私は,全てのチーム機能(外部との関係,内部の人間関係,問題解決,課題達成状況)を組織的に考え,各機能が今現在どれくらいうまく達成されているのか,どのくらいこれらの結果を良くできるかを評価するのである。我々は,この評価とチーム・メンバーのスキルの査定とを合致させる。合致しなければ,メンバーの何人かを訓練するとか,新しいメンバーを獲得するとか,仕事のシステムを変えるということもできるのである(このセクションに続く振り返りは,内部の関係,外部との関係,問題解決において,リーダーとグループを査定するのに役に立つ)。

　これらの話し合いの成果は,チームが今どこにいて,これからどこに行きたいかという正確な姿を描けることである。次のステップは,この知識を用いて仕事の段取りをデザインすることである。ここで注意しなければならないことは,短期的な目標と長期的な目標の両方を考慮することである。短い期間では,メンバーの現在の力や長所に従って仕事を割り当てることが最も効率的である。しかし,長期的には,チームの目標を達成するために,各自が自分の得意な領域を広げることの大切さを教えることも重要である。

　どれくらいうまくチームの目標を達成しているのかをオープンに話すことは,問題を認知し,すぐに対処できるように軌道修正を行うためのかけがえのない永久に使えるツールである。もし私が経験豊かなリーダーであれば,今現在,自分のアプローチがどれだけうまく機能しているか,どう改善できるかを考えるために,このセクションに続く振り返りを使うだろう。振り返りの中の設問に答える際には,現在の集団について考えることもできるし,私がリーダーであった過去の職場集団について考えてもよい。私が集団のリーダーになったことが一度もなかったら,理論上の集団を仮定して,集団がどのように機能するかを想像するか,あるいは,今まで自分が所属してきた集団について考える。

振り返り：内部との関係について考える

振り返り　内部との関係について考える

（文章の前の数字は，周期表のマス目を示す）

私のグループにおいて，私は……と感じる
同意しない　　　0　1　2　3　4　5　6　7　8　9　　　同意する

- [15] 私は非常に生き生きしている。私は自分自身を十分に活用している。私は退屈していない。
- [25] 私は自分のことは自分で決める。私は自己決定ができ，独立している。私は自由であり，強制されていない。
- [35] 私は自分自身に気づいている。私は自分に無意識があることに気づいており，絶えず，もっと気づくように努力している。私は自分自身を騙さない。
- [45] 私は重要だと思う。私は大切な人間である。私は変化を起こす。
- [55] 私は有能だと思う。私は人生に起こる様々な状況に対処することができる。
- [65] 私は好ましい存在だと思う。私は自分自身の存在を楽しむ。そして，自分という人間が好きである。
- [11] 全員が，全ての関連する活動に十分に参加する。
- [21] 全てを表現することが奨励される。人々は抑圧されていない。
- [31] 人々は，自分がどのように感じているかを話す。彼らは，隠さないし，嘘をつかない。
- [41] 我々は，良い仕事を行ったことをお互いに認める。
- [51] 資格のある人は全員，最終決定に係わる。
- [61] 全ての活動において，全員の感情を考慮し，気を配っている。

第4章：リーダーシップとヒューマン・エレメント・アプローチ

振り返り　外部との関係について考える

（文章の前の数字は，周期表のマス目を示す）

同意しない　　　0　1　2　3　4　5　6　7　8　9　　　同意する

- [11] 私のグループは，外部の組織や個人によって邪魔されていると感じている。
- [21] 私のグループは，本来の主要業務以外の活動（訪問者，他者の監督，我々に与えられた仕事など）にあまりにも多くの責任を負わされている。
- [31] 私のグループは，「蚊帳の外」と感じている。すなわち，外部の出来事についての真実を話してもらっていないし，他の人が何事も隠さず，嘘もつかないなどとは決して信じることはできないと感じている。
- [13] 私のグループは孤立していると感じており，外部の組織や個人の活動に十分参加させてもらっていないと感じている。我々は，何が起こっているのかを知らされていない。
- [23] 私のグループ・メンバーは，外部の規制や制約のために自分たちの仕事を最高の状態で行う望みが全くないような気がしており，無力感を感じる。
- [33] 私のグループは，我々が望む以上に他の人の問題点や行動に対処しなければならない。

これが，外部との関係について私がしたいと思っていることである：

振り返り　問題解決について考える

同意しない　　0　1　2　3　4　5　6　7　8　9　　同意する

1. 私は問題を予測し，将来のために計画を立て，効果的に将来の出来事に対処するために諸資源を準備する。
2. 問題が起こった時，私はすぐに問題を認識し，明確に問題を観察する。
3. 問題が起こった時，私は問題解決に必要な可能な限りあらゆる情報を集め，決定を下す前に全ての立場から話を聞く。
4. 不平やクレームに直面した時，私はその訴えが妥当なものかどうか判断するために，その主張の出処を調べる。
5. 私は創造的に，想像力豊かに，問題の背後にある原因を解明し，ほとんどの人が見逃している状況でも感じることができる。
6. 私は，自分がよく知っている方法だけでなく，起こった問題に対していろいろな説明ができるほど柔軟性に富んでおり，問題を解決する数多くの方法を考えることができる。
7. どんなアクションをとるかを決めている時，私は単に最初に浮かんだものを選ぶのではなく，選択する前に全ての可能性を考慮する。私は，自分のアクションが他の人にどんな影響を与えるのかに気づいている。私は，人の反応を正確に予期することができる。
8. 私は，自分の行動の全ての意味合いに気づくために，組織全体について十分知らされている。
9. 私は自分の組織単位の目標を理解しており，どの目標が他の目標より重要かという明確な考えを持っている。私は，組織の目標と目的をはっきりとスタッフに知らせることができる。
10. 私は，目標の達成を妨げるようなプレッシャーに容易に動揺しない。私は，自分の信念を貫く。
11. 私の決定は合理的であり，筋の通らない奇抜なものではない。
12. 私の決定は，過度に保守的であったり，あまりに安全を気にしすぎていたり，想像力に乏しいものではなく，合理的である。
13. その時々で，私は明確に決断する。
14. 私は自分の決定がうまくいっているかどうかを点検し，何がうまくいって，何がうまくいかなかったかという知識を得る。

第4章：リーダーシップとヒューマン・エレメント・アプローチ

2. ヒューマン・エレメント的組織を定義する

　私は，今，ヒューマン・エレメント・モデルに基づく全体としての組織を見ている。どんな組織なのであろうか。そして，私はリーダーとしてどのようにその組織を造り上げていくのか？

　新しい価値観，新しい哲学，新しい運営方法，そして，特に重要な新しい人間関係を持ち，セルフエスティームと開放性を中核にした今までの組織とは根本的に異なる組織を創造しなければならない。ヒューマン・エレメント・モデルは，人がもっと自分に気づくのを助けることによって，あらゆる組織に意識変革を行う機会を提供するものである。

　前述の章では，ヒューマン・エレメント・モデルの構成要素を詳細に検討してきた。ここでは，その構成要素を集め，ヒューマン・エレメント的組織の基礎づくりへと統合していく。

▌仮　説

真　実　あなたと私は真実を語る。ヒューマン・エレメント・モデルにおける真実は，チームづくり，意思決定，個人の業績を，より効果的に，より速く，そして，最終的には，組織にとってより利益が上がるといった組織の効果性を向上する素晴らしい力を持っているのである。

問題解決　大切なことは，問題を解決することであって非難することではない。非難することは，生産的な活動からエネルギーをそらしてしまう。あなたと私の間に起こる全ての出来事は，100パーセント私の責任であり，100パーセントあなたの責任であり，そして，誰も非難されるべき人はいないのである。

道徳的判断を一切しない　このモデルは，誰が正しいとか誤っているとか，何が良いとか悪いとか，道徳的であるとか不道徳であるということを一切判断しない。その代わりに，このモデルで関心があるのは，満足しているか不満であるか，このままでよいのか変えるのかといった行動と感情についてで

ある。

関　係　このモデルは，我々がどのように機能するのか，そして，我々の職場の行動パターンとその行動によって起こる結果との関係に焦点をあてるのである。

自己欺瞞をしない　ヒューマン・エレメント・アプローチは，自分の傾向やその行動によって起こる結果について全て気づくようにデザインされている。敵は，自己欺瞞である。いったん，私の自己欺瞞が少なくなる（すなわち，私の気づきを増やす）と，私は関連したあらゆる要因に気づき，意識して自分の行動を選択するので，私が行うことは全て自分が決定したものである。

自己の気づき　私は，常に一人の人間として，リーダーとして，チームメンバーとして，自分のことをもっとよく知ろうと努力し，自分自身を変えるという選択ができることを喜んで認める。

リーダーシップ　私のリーダーシップの概念は，次のように要約できる。「良い王様とか，良い女王様というのは，その家来たち（自分も含めて）も栄えているものである」。

▎個人と人間関係と組織の目標

　ヒューマン・エレメント的組織における目標は，最多数の社員に最大限のセルフエスティームをもたらすことである。我々全員が高いセルフエスティームを持てば，組織は必ず生産的になり，成功するのである。
　これらの目標は，個人，人間関係，組織の雰囲気の中でつながりを持っている。明らかに，この３つは全て密接に関わっている。つまり，個人と人間関係の目標を達成すると，組織にはオープンな雰囲気ができ，その結果，個人の機能も高まっていく。（表4.1が，目標の相互関係を要約している）。

表 4.1. ヒューマン・エレメント的組織の目標

個人が……と感じ,	……のような 人間関係であれば,	組織は……の雰囲気を 促進する
活気がある	エネルギッシュな	参画的
自分で決めている	大人の	自由な
自己に気づいている	正直な	開放的な
重要である	認め合う	受容的
有能である	協力的な	自分の力を発揮できる
好かれる存在である	友好的な	人間として尊重されている

　個人にとって，その目標は，6つの次元に沿って常に高められていくべきセルフエスティームである。

- **活気があること**：私は非常に生き生きしている。私は自分自身を全て活用している。私はエネルギッシュである。私は退屈していない。
- **自分で決めている**：私は自分の人生を自分で選択している。私は自己決定ができ，独立している。私は自由であり，強制されていない。私は自分に対して責任がある。
- **自分に気づいている**：私は，自分自身にも，他の人に対しても真実を言う。私は自分自身に気づいている。私は自分に無意識の面があることに気づいており，絶えずもっと意識化するように努力している。私は自分を騙さない。
- **重要感**：私は自分を重要だと思う。私は大切な人間である。私は変化を起こす。
- **有能感**：私は自分を有能だと思う。私は自分の人生や仕事の状況に対処できる。
- **好感**：私は好ましい存在である。私は自分自身の存在を楽しむ。そして，自分という人間が好きである。

　社員同士の人間関係，また，社員とその社員がやり取りを行う外部の人

2. ヒューマン・エレメント的組織を定義する

（顧客，取引先，コンサルタント，政府機関を含む）との人間関係の目標は，以下のようになることである：

- **エネルギッシュな関係**：私は自分の人間関係に集中し，エネルギーを注ぎ，焦点をあてている。
- **大人の関係**：私は，自分の行動とその行動に対する他の人の反応に責任をとる。
- **正直な関係**：私が言うことは全て真実であり，非常にまれな例（合法的な産業秘密を守るというようなこと）を除いて，隠し事を一切しない。私の真実は，私が他の人に与えることができる最高の贈り物の一つである。
- **認め会う関係**：私は，他の人が行う仕事に対して明確な承認を与える。
- **協力的な関係**：私は協力関係を最高にし，言いがかりや非難を最小にするあらゆる道を見つける。
- **友好的な関係**：私は，ビジネスの必要条件と同様に人の感情も考慮する。私は，組織の誠実さを失うことなしに，他の人が楽しむやり方で行う。

組織にとっての目標は，特に以下の要因について，全社員のセルフエスティームを向上するような雰囲気をつくることである。

- **参画的雰囲気**：組織は，全社員に組織のビジネスに全面的に参画できる機会を与える。社員である私は，全ての活動に参画しようとは思わない（参加するように要請されていない）けれども，参画できる機会は持っており，参画するように勧められる時もある。会社の活動について知らされ，やりたい活動に入ることができる。
- **自由な雰囲気**：私は，最適な行動を決定できると信頼されている。
- **開放的な雰囲気**：私は，組織の中で完全にオープンである。秘密（定められた産業秘密や安全保証上の秘密を除いて）は全くないし，隠し事もない。私は全ての質問に，正直に完全に答える。
- **受容的雰囲気**：私の存在は組織に知られており，認められている。方針

として，組織は，定期的に社員一人ひとりの能力を理解するようにしている。
- **自分の力を発揮できる雰囲気**：私は十分にエンパワーされている．そして，自発的に全てのことを行う．私は，自分が最もよく知っていて，最も自分に影響を及ぼす全ての問題の最終決定に参加する．
- **人間として尊重されている雰囲気**：組織は，一人の人間として私に感謝し，また，私を理解しており，人間的な触れあいを奨励する．

3. ヒューマン・エレメント的組織をつくる

組織のリーダーである私がこの本で述べられている原則を導入したいと思うのなら，次のようなステップをとる．

① できるだけ早く，全チーム・メンバーに対してこれらのコンセプトに関するトレーニングを与える（チームの意味は，二人の人間の場合もあるし，全組織の場合もある）．そして，全員が，真実，選択，自己の気づきの原則と，3つの次元のモデルを理解する．

② 全てのチーム・メンバーを一緒に集め，私が「達成者としてのリーダー」になることを皆に話す．それは，私が次のことを行うことを意味している．
- あらゆる本質的な機能が素晴らしく実行されていることを確かめる．
- チームの外部との関係，内部の関係，課題の達成状況全てがうまく遂行されていることを確かめる責任がある．
- 自分自身をよく知っており，自分にとって最高にうまく機能するリーダーシップ・スタイルを創り出す．
- チームのメンバー一人ひとりにとって最適な役割が何であるかわかるほど，十分にチーム・メンバーのことを知っている．
- チームがどのように機能するのか，その動態性（ダイナミックス）を学ぶ．

3. ヒューマン・エレメント的組織をつくる

- 我々のチームが自分たちの使命を達成するためにうまく実践する必要がある機能を学び，その機能を実践するためチームを援助するやり方を理解する。
- チームが実践していない機能は何であるかを感じとれる感受性と柔軟性を持つ。
- たとえそれが個人的な不快であったとしても，必要なことは自ら進んでやる。
- チームがどうしたら最もうまく機能できるかという決定も含めて，全ての意思決定にコンコーダンスのプロセスを用いる。

③ このチームで私のリーダーシップを発揮するために次の条件を決める。
- 我々は皆，次のことを実行していく。
「嘘をつかない」「非難をしない」「隠し事をしない」「自分自身を騙さない」
- 我々は皆，自己の気づきを高めて，自己欺瞞を減らすよう努力する。
- 我々は皆，一人ひとりが自分の責任をとるので，我々の間のあらゆる出来事は，100パーセント私の責任であり，100パーセント相手の責任であるとも見なすことができ，誰も非難することはしない。
- 我々のチームワークと葛藤解決は，第3章で記述された方法を用いて達成される。
- これが，我々のスタート地点である。以上の考えがもし機能していなければ，我々はコンコーダンスのプロセスを用いて変えることができる。

④ 新しいメンバーがチームに参加することを望んでいる場合や，新しいメンバーをチームに誘う場合には，私と他のチーム・メンバーは，我々が行動するための原則をその人たちに紹介する。その人たちがこれらの原則の下で行動する気持ちがあるなら，これらの原則について我々と徹底的に話し合って納得する（コンコーダンスを用いる）なら，彼らの参加は歓迎される。その人たちがチームに参加するなら，他のチーム・メンバーが体験したと同じトレーニングをできるだけ早く受ける。

終章　真に肝要なこと

The Real Bottom Line

私の人生のどこで，私は踊るのをやめたのか？
私の人生のどこで，私は歌うのをやめたのか？
私の人生のどこで，私は物語に魅了されるのをやめてしまったのか？
私の人生のどこで，私は沈黙の甘い世界が不快になってしまったのか？
　　　　　　　　　　　　　　　　　　　　　　エンジェルス・アリエン

　我々は，人生のある時点から，歌ったり踊ったりすることをやめてしまい，そのために，我々の身体のある部分も発達するのをやめてしまったのである。我々は，自分自身を完全に表現することをやめてしまい，我々の表現は恐れと低いセルフエスティームによって鈍ってしまったのである。我々は，自分自身の一部を断ち切ってしまったのである。そこで，ヒューマン・エレメントは，自分自身の全てを表現するために閉ざされた部分を取り戻し，そこから障害物を取り除き，その部分を広げ，そして，一人ひとりが統一体となることを助けるために，古い知恵と新しい自己洞察を統合しようという試みなのである。

　私は，自分自身の歴史と人生のいろいろな出来事に対する，シンプルだがパワフルな統一テーマの探究のためにこの本に着手したのである。浮き沈みや紆余曲折しながら様々な道を追求してきた者として，私は，この本が推薦する変革を，自分自身の組織の中で行うことが必ずしも簡単ではないことをよく理解している。私は，自分のコンサルティング活動を通して，ヒューマン・エレメントのコンセプトの価値にかかわらず，もともと想像していたよ

終章：真に肝要なこと

りも，人の変革に対する抵抗が非常に大きいことがわかるようになってきたのである。自分の考えを聞いてもらえなかったことは悔しかったが，この抵抗の大きさがむしろ普通なのだということも学んできた。もちろん，抵抗それ自体は，アイデアの価値を保証するものではないし，良くない考えが抵抗を受けることも多い。しかし，ヒューマン・エレメント・モデルが信用を得るためには，抵抗について直接言及しなければならないと思う。

ヒューマン・エレメント的アプローチの，特に真実，選択，個人の内的世界の探究といった考え方は，ある人たちにとっては受け入れ難いものである。真実と選択についての考え方に対する最も強い反対は，主に非常に保守的な宗教観をもつ人たちから出てきた。その人たちは，神の道である一つの真実だけが存在すると信じている。そして，それぞれの人間が自分自身の真実を持ち，「真理」が観察者の合意であると定義されることを彼らは受け入れないのである。同様に，神でない私が（あるいは，少なくとも私が神と協力して）自分自身の人生を選択しているという提案は，ある人たちにとってはあまりに自信過剰に見え，容認できないのである。

また別の人たちは，ワークショップがプライバシーの侵害であると反対したが，これらのことから，私は選択の精神をトレーニングのあらゆる面に浸透させなければならないことがわかった。多くのグループで，ヒューマン・エレメント・アプローチを好きでない人たちやこのアプローチに対して準備ができていない人たちを見つけた。これらの人たちの感情を考慮に入れて，人々がもし進みたいのであれば，自分たちのペースで進ませることを学んだ。それぞれの人の自己決定を考慮することは，ヒューマン・エレメント・トレーニングが目指していることをまさに実行することであった。人々が準備ができている時に参加すれば，通常，彼らはその体験から非常に多くのことを学ぶのである。

しかし，この考え方を続けていくと，いくつかの疑問が生まれた。例えば，私のトレーニングがリーダーシップやチームワークの開発に役に立つのなら，ちょうどコンピューターを操作するためのトレーニングがコンピューターのオペレーターに必要なように，なぜ私のトレーニングをリーダーシップやチームワークを必要とする仕事についている人々全員に与えないのか？

終章：真に肝要なこと

　他にもいくつかの問題が起こった。トレーニングへの参加の打診があったときに，一週間にわたるワークショップの間に頭にくることもあるかもしれないと知らされると，いったんはトレーニングに参加することを選択した人たちも参加すべきかどうか悩み始めてしまったのである。この用心深い情報提供は，観念を軽減する代わりにむしろ不安と疑いを大きくしてしまった。さらに，マネジャーがそのワークショップは自主参加だということを強調すると，懐疑的に見られ，偽善だと非難されることもあった。従業員は，ワークショップに参加しなくても処罰を受けないということを全く信じていなかったのである。
　数人のマネジャーは，トレーニングを自主参加にしておくという我々の要請を無視して，強制参加にしたのである。不思議なことに，彼らのグループの結果が自主参加のグループの結果と同じだったので，誰も強制参加させられたマネジャーを批判しなかった。むしろ，そのマネジャーはメンバーから，大変貴重な体験ができたと大いに感謝されたのである。ある大企業では，簡単には大勢の人間にトレーニングへの参加を命じることができなかったので，トレーニングを自主参加とし，我々の影響力は限定されてしまった。したがって，その組織では，トレーニングを受けた人もいれば受けなかった人もいたので，トレーニング体験のパワーは減ってしまった。
　しばらくの間，私は，私の母の言葉に従って，中庸の立場を採用した。「ホウレンソウを食べる必要はないけれど，食べようとすることは大切なことなんだよ。おまえがホウレンソウを好きでなければ，食べる必要はない」。このささやかな知恵は，満足いく解決策の種を含んでいた。今，私は，監督者は人間関係のスキルを含む仕事の業績の向上を目指すトレーニングが必要な人間を選び出す権利と責任を持っていると信じている。もし参加者が我々のトレーニングもしくはその一部があまりに難しいとか不快だと感じるなら，その人はいつでもトレーニングから抜けることができる。現実に，我々のトレーニングを受講した１万人以上の人たちの中で，１人は最初のミーティングで抜け，そして，４，５人の人がトレーニングが終了する前に去っていった。このヒューマン・エレメント的アプローチは，質の高いトレーニングと，難しい状況に対処できる人間の能力開発を目指している。しかし残念ながら，

終章：真に肝要なこと

まだまだ用心深い人たちもいる。

「我々には，このアプローチを部下に押しつける権利はない」。

ヒューマン・エレメントのトレーニングに対する個人の反対に加えて，たとえ変革が効果的であったとしても，変革のプロセスと現状を全体的に改訂する必要性があるのかという反対があった。たとえ具体的に実例が示されている革命的なやり方を組織生活に導入するにしても，変革が速やかに実行される保証は全くないので，その変革が生産性を即時に改善するという見込みはほとんどないのである。

経済史家ポール・ディビッドの論文をベースにしたマイケル・ロスチャイルドによる優れた記事は，この現象の歴史を探究したものだった。ロスチャイルドは，コンピューター革命に対して「生産性のパラドックス」と呼ぶ考え方を適用している。

「米国の産業界は，過去10年間，1兆ドル以上の金額をコンピューター・システムのために投資してきたが，それによって得られた生産性の増加をほとんど測定することができず，それ故，米国の産業界はその変革に抵抗しているのである」。

著者は，面白い歴史の分析を用いて，非常に納得のいく説明を与えている。すなわち，主要な革新が導入される時，一般的に，革新はまず現在の環境に無理やり合わせられると主張しているのである。そして，エンジンの電気モーターの例を引用し，電気モーターは，最初，蒸気エンジンの代用として使われたので，蒸気エンジンのサポートは，垂直なシャフトとベルトと水平なシャフトとベルトのシステムであり，ずっとそれをそのまま電気エンジンを使っていたと指摘している。電気エンジンの価値に合った，電気エンジンを活用するためのサポート・システムの変化は，本当にゆったりしたものだった。

「エジソンの発明から40年経ってから，ついに生産性伸長率が向上するようになった。年間の労働生産性伸長率は，今世紀最初の20年間は1パーセントのあたりをうろうろしていたのだが，『狂乱の1920年代』には5パーセントを超えるまでに急上昇した」。

ロスチャイルドは，企業が最終的に新しい技術の全面的な利用方法を学ぶ

時，コンピューターと電気通信への全ての投資が同様の生産性の上昇をつくると予測している。

同様の現象は，組織の人間的側面でも起こっている。我々は，特定の領域においてのみ，改善した生産性を測定できるようになったが，全組織の生産性に対する影響を測定することは，いくつかの理由のため難しい。

- 普通，組織のほんの一部だけがトレーニングを受け，残りはそのままである。
- 人々がトレーニングから戻ると，古い雰囲気が彼らを待っている。多くの場合，古い雰囲気は彼らの変化を支持しないし，場合によっては，敵対することもある。
- トレーニングに参加しなかった人たちはグループ「外」のメンバーのような感情を持ってしまうので，新しいアイデアに反対する。
- 組織が変わり始めると，トレーニングを受けなかった人たちは自分たちの新しい役割について自信がなくなる。

新しいヒューマン・エレメントの考え方は，慎重に検討されている。そして，ヒューマン・エレメントの考え方が受け入れられ始めたら，人々はそれを実行し，革新が生み出す利点を高めていくために，他の組織の慣習を修正するといった全ての関連性を見ることに時間をかけていくのである。

組織の人間がより自分に気づくようになると，今まで我々がかつて見たことがないような生産性の上昇を体験することもある。この生産性の上昇を体験するためには，英雄たちの記録の中では滅多に語られたことがない勇気が必要である。

「自分自身を知る勇気」「お互いに正直になる勇気」「真実を扱う勇気」である。我々の現在のお互いに対する接触の仕方は，あまりに苦痛と効率の悪さをもたらしている。ヒューマン・エレメント・モデルを通して，我々は今，より多くの喜びを持ってお互いにもっとうまく関わっていけることを理解することができる。組織で働く人間を中心にした組織構造をつくることに我々の新しい洞察を使っていく時期である。その結果，我々はこの新しい自己の

終章：真に肝要なこと

気づきの報酬，単に心理的な報酬のみならず，物質的報酬をも楽しむことができるのである。

　この本の中で，私はその方向に向かって歩き出す試みを行ったのである。私は，過去40年間に渡る体験と研究の中から，組織を完全に変えてしまう素晴らしい現状打破を行うための理論，原則，特別な実践的方法を提示してきた。それは要約すれば，次の3つのことをあなたに呼びかけているのである。そして，これらを実行したときに一体何が起こるのか，私と一緒に，あなたにも探求していって欲しいのである。

- 防衛をやめ，オープンに，正直にお互いを理解し合おう。
- 非難をやめ，起こっていることをお互いがいかに共謀して生み出したかを認めよう。
- 自己欺瞞をやめ，自己の内部を見つめ，自分自身を知ろう。

　私は，この本が，より深い自己への気づき，開放的な組織の創造，そしてより高いセルフエスティームをもった個人の開発に貢献することを心から期待している。そしてまた，人間の要素の理解が，技術の進歩に匹敵するほどに発展していくことを強く希望している。我々は，真実の持つ素晴しいパワーに気づき，自分の人生を自分で決定するという偉大なる能力を認め，さらには，オープンに正直に自分自身を見ることへの恐れを克服することによって，我々の組織，人間関係，そして，個人の無限の生産性と達成感，つまり，我々にとって真に肝要なことを実現することができるのである。その時，我々の魂は，より崇高なものとして，ともに高揚していくのであろう。

終章：真に肝要なこと

付表　ヒューマン・エレメントの周期表

方向性	対人関係：発信　自分（私）から他者（あなた）へ		対人関係：受信　他者（あなた）から自分（私）へ	
次元	現実	欲求	現実	欲求
仲間性	私はあなたを誘う　11	私はあなたを誘いたい　12	あなたは私を誘う　13	私はあなたから誘われたい　14
支配性	私はあなたを統制する　21	私はあなたを統制したい　22	あなたは私を統制する　23	私はあなたから統制されたい　24
開放性	私はあなたにオープンである　31	私はあなたにオープンでありたい　32	あなたは私にオープンである　33	私にオープンであってほしい　34
重要感	私はあなたを重要だと思う　41	私はあなたを重要だと思いたい　42	あなたは私を重要だと思う　43	私はあなたから重要だと思われたい　44
有能感	私はあなたを有能だと思う　51	私はあなたを有能だと思いたい　52	あなたは私を有能だと思う　53	私はあなたから有能だと思われたい　54
好感	私はあなたに好感を持っている　61	私はあなたに好感を持ちたい　62	あなたは私に好感を持っている　63	私はあなたに好感を持たれたい　64

↑　行動レベル　↓
↑　感情レベル　↓

付表　ヒューマン・エレメントの周期表

	個人 自分（私）から自分（私）へ		他者 他者（あなた）から他者（あなた）へ	
	現実	欲求	現実	欲求
↑ 自己概念レベル ↓	私は 生き生き している 15	私は 生き生き していたい 16	あなたは 生き生き している 17	あなたは 生き生き していたいと 思っている 18
	私は 自分の人生を 決定する 25	私は 自分の人生を 決定したい 26	あなたは 自分の人生を 決定する 27	あなたは 自分の人生を 決定したいと 思っている 28
	私は 自分自身に 気づいている 35	私は 自分自身に 気づきたい 36	あなたは 自分自身に 気づいている 37	あなたは 自分自身に 気づきたい 38
	私は 自分を 重要だと 思う 45	私は 自分を 重要だと 思いたい 46	あなたは 自分を 重要だと 思っている 47	あなたは 自分を 重要だと 思いたい 48
	私は 自分を 有能だと 思う 55	私は 自分を 有能だと 思いたい 56	あなたは 自分を 有能だと 思っている 57	あなたは 自分を 有能だと 思いたい 58
	私は 自分自身を 好きである 65	私は 自分自身を 好きになりたい 66	あなたは 自分自身が 好きである 67	あなたは 自分自身を 好きになりたい 68

■著者紹介

ウィル・シュッツ（Will Schuts） 1925-2002

1951年，UCLAにてPH.D取得。同校心理学部からスタートし，ハーバード大学，シカゴ大学，カリフォルニア大学バークレイ校，アルバート・アインシュタイン・メディカルスクール，エサレン研究所などで教える。セラピー，教育，組織の活性化などに関する斬新な理論と経験的技法の研究開発で，国際的に知られる。

主著：『JOY』『FIRO』『Here Comes Everybody』『Element of Encounter』『Body Fantasy』『Leaders of Schools』『Profound Simplicity』『The Truth Option』等。

■編訳者紹介

株式会社ビジネスコンサルタント

1964年創立。競争力あふれる健康な組織と卓越した人材を創造するために，人材開発と組織開発のベストソリューションを提供している。「ザ・ヒューマンエレメント・アプローチ」を人材開発トレーニングに導入し，2001年ウィル・シュッツアソシエイツ社を買収。現在はTSC社とグローバル展開を促進している。

■ヒューマン・エレメント・アプローチ　組織編（そしきへん）
―信頼感あふれるオープンで生産性の高い組織をつくる―

■発行日──2014年10月27日　初版発行　〈検印省略〉

■著　者──ウィル・シュッツ
■編訳者──株式会社ビジネスコンサルタント
■発行者──大矢栄一郎
■発行所──株式会社白桃書房（はくとうしょぼう）

〒101-0021　東京都千代田区外神田5-1-15
☎03-3836-4781　🅕03-3836-9370　振替00100-4-20192
http://www.hakutou.co.jp/

■印刷・製本──シナノパブリッシング

© Business Consultants Inc. 2014　Printed in Japan
ISBN 978-4-561-22647-5　C3034

本書のコピー，スキャン，デジタル化等の無断複製は著作権法上での例外を除き禁じられています。本書を代行業者等の第三者に依頼してスキャンやデジタル化することは，たとえ個人や家庭内の利用であっても著作権法上認められておりません。

JCOPY　〈(社)出版者著作権管理機構　委託出版物〉
本書の無断複写は著作権法上での例外を除き禁じられています。複写される場合は，そのつど事前に，(社)出版者著作権管理機構（電話03-3513-6969，FAX03-3513-3679，e-mail：info@jcopy.or.jp）の許諾を得てください。

落丁本・乱丁本はおとりかえいたします。

好評書

組織学会 編
組織論レビューⅠ
――組織とスタッフのダイナミズム――
本体価格 3,000 円

組織学会 編
組織論レビューⅡ
――外部環境と経営組織――
本体価格 3,000 円

金井　壽宏・鈴木　竜太 編著
日本のキャリア研究
――組織人のキャリア・ダイナミクス――
本体価格 3,800 円

金井　壽宏・鈴木　竜太 編著
日本のキャリア研究
――専門技能とキャリア・デザイン――
本体価格 3,500 円

服部　泰宏 著
日本企業の心理的契約　増補改訂版
――組織と従業員の見えざる約束――
本体価格 3,300 円

F. トロンペナールス・C. ハムデン・ターナー 著,
古屋　紀人 著・監訳, 木下　瑞穂 訳
異文化間のグローバル人材戦略
――多様なグローバル人材の効果的マネジメント――
本体価格 3,600 円

F. トロンペナールス・P. ウーリアムズ 著,
古屋　紀人 監訳
異文化間のビジネス戦略
――多様性のビジネスマネジメント――
本体価格 3,600 円

東京　**白桃書房**　神田

本広告の価格は本体価格です。別途消費税が加算されます。